何宗武・謝雨豆

輕統計
日常生活的資料分析

東華書局

國家圖書館出版品預行編目資料

輕統計：日常生活的資料分析 / 何宗武、謝雨豆編著. -- 1 版. -- 臺北市：臺灣東華，2017.12
168 面；19x26 公分

ISBN 978-957-483-915-5（平裝）

1. 統計套裝軟體 2. 統計分析

512.4　　　　　　　　　　　　　　　　106021590

輕統計：日常生活的資料分析

編 著 者	何宗武、謝雨豆
發 行 人	陳錦煌
出 版 者	臺灣東華書局股份有限公司
	臺北市重慶南路一段一四七號三樓
	電話：(02) 2311-4027
	傳真：(02) 2311-6615
	郵撥：00064813
	網址：www.tunghua.com.tw
直營門市	臺北市重慶南路一段一四七號一樓
	電話：(02) 2371-9320
出版日期	2018 年 1 月 1 版 1 刷

ISBN　　978-957-483-915-5

版權所有 · 翻印必究

推薦序

　　能幫這本書寫推薦序，我覺得非常的榮幸。何宗武老師是國內大數據分析的著名專家之一，我從數年前便參加何老師開設的各種 R 軟體課程，何老師授課邏輯清晰、對於統計工具的掌握熟練，更重要的是，何老師對於資料分析充滿熱情，相信上過何老師的課的人，都會同意我這些不是過譽的讚美。另一位作者謝雨豆博士則是我一直以來的合作夥伴，她是一個跨領域學習的學者，她對於資料分析投入極大的心力，博士畢業後也投入相關領域，繼續發揮她對於公共政策資料分析的專長。他們兩個人合作寫書，對我來說就是品質的保證。

　　我個人長久以來在大學教授統計學，依我個人的經驗，要在社會科學領域找到一本適合的統計教科書事實上是非常困難的。多數的統計學教科書不是太偏商業取向，便是太偏考試取向；所以我在教學現場時，每學期初都要安排一節或兩節課程先說明資料的解讀、資料的誤用與資料蒐集這些雖然重要，但多數不被列入標準統計教科書的內容。此外，許多傳統的統計教科書在隨堂練習上，也都過份「考試取向」，亦即列出很多需要頭腦體操和計算的題目，但真正實用和與生活相關的練習題卻付之闕如。事實上，資料分析和統計運用幾乎是所有人日常生活或是工作都用得到的工具。提升個人的資料素養便能避免對於資料的誤用，以及對於問題的誤判，才能進一步地提升我們對於決策的品質。這本書便彌補了傳統教科書的這兩大缺點，不但有資料的教育，更有貼近生活的練習問題提供讀者練習與思考。

　　我認為「輕統計：日常生活的資料分析」這本書的出版，可以促進統計的普及化與生活化，也讓更多在非商業領域教授統計學的老師有更好的入門書選擇，非常謝謝兩位作者願意投入心力，選擇與一般坊間統計學教科書走不一樣的路，從資料分析學習者的角度出發，相信這本書會讓原來對於統計或資料分析卻步的學習者，重新發現資料分析的實用與美好。

洪綾君
成功大學政治系副教授
2017/9/8

序言

　　資料邏輯就是數據為基礎的推理能力，本書意即在此。

　　在這波數據科學帶動產學的研究能量，社會科學也不在浪潮之外，諸如文史哲法商等等，各式社會科學領域的人員，必須具備數據邏輯，藉由基礎的統計概念，揭露資料內蘊的故事。本書的旨在傳達簡單卻重要的統計概念，並利用 Excel 操作輔以日常可得的資料型態做範例，讓資料分析變得更直覺，無論讀者過去是否有統計背景，都能夠掌握以資料為基礎的推理能力。

　　此書出版，全賴謝雨豆博士的全力支援撰寫，初稿我已經在 105 年第二學期的通識課「街道上的統計學」試用過，內容可說是相當適合於處處都需要資料邏輯的時代。

　　雨豆她在碩士念的是財金，博士去攻行政管理，所以她的研究方法訓練是質量並重，左右開弓。當年她攻讀財金碩士，我原本是她的指導教授，後來被她開除，更換了另一位老師指導她碩士論文。正確的選擇，果然表現優異，續攻博士班。然而，人生就是奇妙：她畢業後又出現在我面前，不但成為學術伙伴，還合寫了第一本書。

何宗武

序言

當我們能夠掌握分析的概念與意義，資料分析是絕對有趣的！

最近幾年「大數據」、「資料探勘」的風潮，開創資料分析領域的新世界，突破以往的調查方式，也讓證據導向(舉證說明)的分析方式受到重視，好像掌握了分析技巧就是掌握未來趨勢。我們也可以從日常生活中的新聞資訊感覺到，許多報導都喜歡用數據說話，如「每天喝 2~4 杯咖啡有助延壽」、「OO 候選人有 65% 的支持度」、「有 75% 的民眾喜歡這個政策」，但是我們應該這麼容易被說服嗎？光是抽樣的操作就可以影響不同的結果，故事性雖然重要，但細節也不可忽略。

雖然數據分析與統計好像沒有直接的關聯，但了解簡單統計卻可以協助我們判斷外界給的資訊合不合理、怎麼計算出來的、解讀的是否正確。更進一步，還可以針對手邊的資料做分析，用數據證據來說故事。

筆者過去就學時期在商、管領域各學習一段期間，對於兩個領域間的資料分析模式已能感受明顯不同。商學領域特別著重數據資訊，對於時間性的資料分析更是專精，而管理學的分析模式則較為廣泛，質量化皆有著重。但兩方共同的特性，都是設計充分具備邏輯性的分析流程，而非從中撿個數字就說起故事，顯示資料分析的邏輯性是絕對重要的，這也是為什麼筆者希望透過簡單的統計概念傳遞，讓學習者能夠更有分析的概念。

能夠完成這本書，非常感謝何宗武老師，對於筆者於資料分析道路上的能力培養與教導。何老師是大數據領域專家中的專家，筆者有幸能向其學習，也從得知「大數據不如厚數據」，具有意義的資料分析才是重要的！也在這個機緣下，希望藉由本書將此概念推廣。

謝雨豆

目錄

推薦序 i
序言 ii
序言 iii

第 1 章　認識資料　　　　　　　　　　　　　　　　　　　　　1

第 1 節　各式各樣的資料 1
第 2 節　資料分析的目的 8
第 3 節　資料取得與開放數據 13
第 4 節　資料分析的工具箱 16

Part 1　資料的樞紐分析

第 2 章　用樞紐分析進行資料探索 I　　　　　　　　　　　　21

第 1 節　資料的探索方法 21
第 2 節　樞紐分析表的概念 26
第 3 節　樞紐分析的視覺化 31
第 4 節　Excel 試作 35

第 3 章　用樞紐分析進行資料探索 II　　　　　　　　　　　　39

第 1 節　交叉分析篩選 40
第 2 節　樞紐後的群組分析 43
第 3 節　樞紐分析表的計算 47
第 4 節　Excel 試作 51

Part 2　資料的統計分析

第 4 章　資料基本分析　　57

第 1 節　平均數和標準差 58
第 2 節　如何使用中位數和四分位距 (IQR) 的分析資料？.................. 61
第 3 節　Excel 試作 66

第 5 章　最簡單的統計分析原理　　77

第 1 節　統計分析原理 79
第 2 節　函數原理和資料分析 85
第 3 節　再進一步 87

第 6 章　我的資料長怎樣？─隨機變數分布的形狀　　93

第 1 節　常態 93
第 2 節　左偏和右偏 99
第 3 節　峰態 101
第 4 節　Excel 試作 102

Part 3　資料的分析再進一步

第 7 章　多筆資料分析　　111

第 1 節　關聯分析 (1) ── 散布圖和相關係數值 111
第 2 節　關聯分析 (2) ── 具有分類結構 116
第 3 節　成對樣本 T 檢定 ── 檢定 2 筆資料是否一樣 117
第 4 節　獨立樣本 T 檢定 ── 檢定 1 筆資料內的 2 群分類是否一樣 119
第 5 節　ANOVA ── 多筆資料的比較與檢定 120
第 6 節　Excel 試作 124

第 8 章　期望值不再固定─條件期望值和迴歸方法　133

第 1 節　迴歸分析 134
第 2 節　預測 138
第 3 節　檢定 139
第 4 節　迴歸模型的簡易變化 142
第 5 節　Excel 試作 145

第 9 章　資料素養入門　151

第 1 節　有關調查 151
第 2 節　和資料勾結 154

中文索引 157

英文索引 159

第 1 章

認識資料

第 1 節　各式各樣的資料

　　資料類型百百種！我們每天可以接觸到的資訊相當多樣，從新聞、報紙、雜誌，到 Facebook、twitter、批踢踢等社群網站中所分享的資訊，各種型態的資料充斥在生活周遭，例如：失業率、犯罪率、支持度、商品的市場調查、企業經營、政府預算等等，資訊的取得變得輕鬆且廣泛，但如何判斷外界提供給我們的資訊是否正確、合適，第一步，我們必須先了解資料的型態。舉例來說，某台新聞下了個標題：

> 我國未勞動女性達 300 萬人，創 15 年新高！

　　依據這個訊息，閱讀者可能會認為我國女性參與勞動的比例越來越低，創了近年的紀錄，但是這個資訊卻未必與現實相符！必須先釐清的是，未勞動的女性人口跟人口數是有相關的，有累積性質，也就是在無重大事件下，當每年人口數增加！則未勞動人口數 (不論男性或女性) 為上升的機會是相當高！既然資料是逐年累積的，我們就不能以總人數來判斷女性在職場的比率是上升還是下降！

思考題　對於女性勞動參與的趨勢變化，我們該用什麼型態的資料來說明會比較合適呢？

每天面對大量的資訊？
判斷資料的能力變得更加重要！

了解資料是分析資料前的重要步驟，判斷資料是屬於什麼類型、具有什麼特性，對於資料的後續探索才會事半功倍，也會降低用不正確的視覺化及分析方式來處理重要的資訊。依據資料的型態，我們可將資料分類，協助我們在視覺化、分析、解讀上更能輕鬆掌握。

📂 資料的類型

1 時間序列資料

顧名思義，時間序列資料 (Time series data) 的特性是具有時間的持續性，可呈現**一段期間內某資料的狀態**，譬如：每年的人口數變化、每個月的交通費、每週的生產量、每天的餐廳營業額、每秒的股市交易量變化。依據時間的間隔，資料變動的基礎可能為年、月、週、日，甚至到分秒的資料型態。

時間序列的資料，分析應用的原則，主要在於掌握它所具有的時間趨勢。在視覺化的呈現上，應該使用可呈現趨勢變化的圖形來表現，易於比較資訊隨時間變化的狀況。如表 1-1 的勞參率及失業率即為 2005 年至 2015 年期間所呈現的資訊，我們也可以透過時間遞移的面向，觀察到 2009 年為失業高點，近年的失業率則有逐漸下降的趨勢。而圖 1-1 則分別將勞參率及失業率繪製成趨勢圖，更可觀察到兩者在 2005 年起的年度變動狀況。

表 1-1　時間序列資料──年資料

年度	勞參率 (%)	失業率 (%)
2005	57.78	4.13
2006	57.92	3.91
2007	58.25	3.91
2008	58.28	4.14
2009	57.90	5.85
2010	58.07	5.21
2011	58.17	4.39
2012	58.35	4.24
2013	58.43	4.18
2014	58.54	3.96
2015	58.65	3.78

資料來源：主計處總體資料庫。

資料好整理程度★★★★★

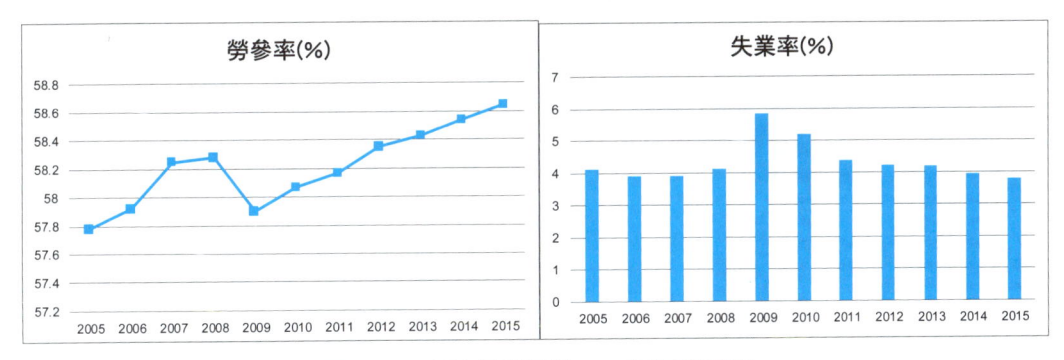

圖 1-1　時間序列資料──年資料呈現

2 橫斷面資料

橫斷面資料 (Cross-sectional data) **為特定時間點下的資料現象觀察**，譬如：2015 年亞洲國家的失業率就包含台灣、日本、韓國、泰國等多國的資訊，而我們也可比較在觀察時間點 (2015 年) 下，各國的失業率情況。表 1-2 為某班級在 105 年上學期的英文及數學成績，即為橫斷面資料。

橫斷面資料的分析原則在於比較各觀察值的狀況，如比較 A01 到 A10 同學在英文 (數學) 的成績表現情況。在視覺化的呈現上，也可利用排序型的圖形讓我們一眼掌握每個人的成績落點 (圖 1-2)。

表 1-2　橫斷面資料

學號	105 年上學期英文成績	105 年上學期數學成績
A01	93.0	25.4
A02	92.7	55.2
A03	91.0	43.7
A04	90.8	65.8
A05	90.7	99.0
A06	90.0	75.2
A07	89.7	49.2
A08	89.5	69.4
A09	89.5	33.9
A10	88.7	45.8

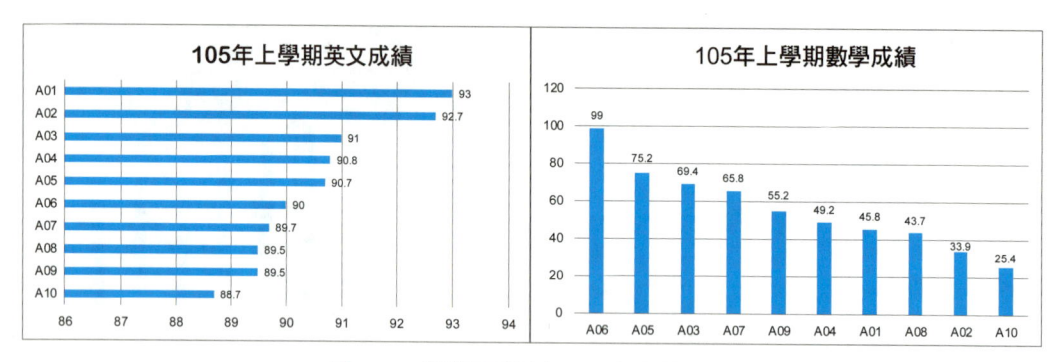

圖 1-2　橫斷面資料──次序圖呈現

資料好整理程度★★★★★

3　縱橫資料

　　縱橫資料 (Panel data) 是**同時具有時間序列與橫斷面資料特性**，如表 1-3，它呈現每個國家 3 年度的人口數，我們既可以從中比較每個國家自己的人口數情況，也可以分析國與國之間的差異。譬如說，我們可以發現台灣在 2013 年後人口數是往上升的，但相較於其他國家，總失業人口數相對少許多。

　　縱橫資料的分析原則也跟它的特性相同，可以比較國與國之間的水準差異，也可比較觀察各國在時間序列上的趨勢表現。在視覺化的呈現上，我們可以用多類別 (國家) 的趨勢圖表現它的時間序列特性 (圖 1-3)，也可利用組合圖 (多個圖形組合成一張大圖) 來觀察每個國家的個別表現。

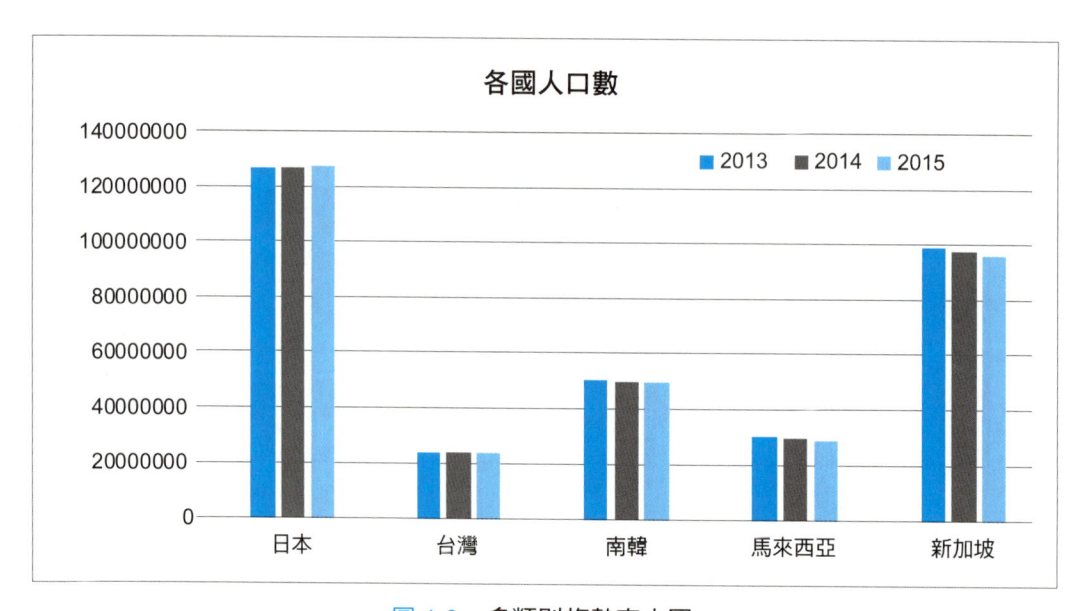

圖 1-3　多類別趨勢直方圖

資料好整理程度★★☆☆☆

表 1-3　縱橫資料

國家	年度	人口數 (人)
日本	2015	126,820,000
日本	2014	127,131,800
日本	2013	127,338,621
台灣	2015	23,492,074
台灣	2014	23,433,753
台灣	2013	23,373,517
南韓	2015	50,219,669
南韓	2014	50,004,441
南韓	2013	49,779,440
馬來西亞	2015	29,901,997
馬來西亞	2014	29,465,372
馬來西亞	2013	29,021,940
新加坡	2015	99,138,690
新加坡	2014	97,571,676
新加坡	2013	96,017,322

資料來源：WDI。

4 多變量資料

在評估學生出席率的原因時，依據過去的經驗，我們可能會去觀察學生的性別、年級、入學管道、是否參加社團、參加何種類型的社團，利用學生的個人特性去判斷班級中學生翹課的原因。這種**多種特性組成的資料**即是多變量資料 (Multivariate data) 的型態 (表 1-4)，其在視覺化的呈現上，可依據單筆、多筆資料的圖式來表現 (圖 1-4)。

表 1-4　多變量資料

學號	學期統計翹課次數	性別	居住地	入學管道	有無參加社團	參加社團
A01	1	男生	北部	推甄	有	VR研究社
A02	4	男生	南部	考試入學	有	樂舞社
A03	7	男生	中部	考試入學	無	樂舞社
A04	2	男生	北部	轉學	有	中國文學
A05	3	男生	北部	推甄	有	愛樂社
A06	2	女生	南部	考試入學	無	科學研究社
A07	1	女生	中部	考試入學	有	愛樂社
A08	0	女生	東部	考試入學	有	中國文學社
A09	5	女生	北部	考試入學	有	樂舞社
A10	0	女生	北部	推甄	無	科學研究社

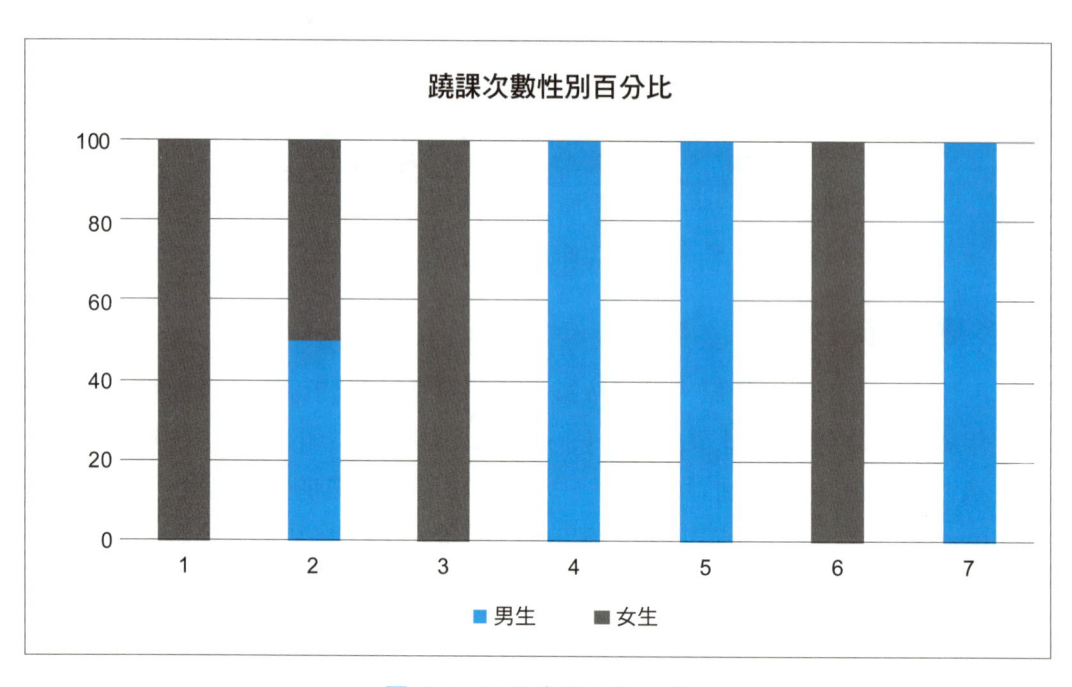

圖 1-4　百分比堆疊直方圖

資料好整理程度★★☆☆☆

5 調查資料

調查資料 (Survey data) 可以說是我們一般最常接觸到的資料類型,即使沒做過調查資料分析,也一定填寫過問卷。譬如說,許多餐廳會設計問卷,待顧客用完餐後,針對店內的環境、人員、餐點來進行評比,這個就是調查資料。它的資料蒐集方式可能透過紙本問卷、電話調查及網路調查,依據研究者的調查範圍、規模、可使用的資源,則可採用不同的調查方式。

一般來說,調查資料會分為兩個區塊 (圖 1-5),第一部分是針對想要分析的現象做問題設計,如上述的環境、人員與餐點,第二部分則是詢問填答人的基本資料。透過分析,我們可以觀察目標現象在不同群體中是否具有差異性,**譬如說**,男女性客人分別對目前餐點的接受程度、服務的滿意程度。

透過資料彙整,我們會將調查資料整理成表 1-5 的形式,以利後續分析。其

```
┌─────────────────────────────────────────────┐
│              ○○○問卷調查                    │
│                                             │
│   第一部分  調查主體區    第二部分  基本資料區 │
│   1. 請問您目前 ...       1. 請問您的性別     │
│   2. 請問您認為 ...       2. 請問您的年齡     │
│   3. 請問您認為 ...       3. 請問您的居住地區 │
│   4. 請問您○○○ ...       4. 請問您的學歷     │
│        ⋮                       ⋮             │
└─────────────────────────────────────────────┘
```

圖 1-5　問卷設計的兩個區塊示意

表 1-5　調查資料示意

顧客編號	點選的主餐	調查主體區		基本資料區		
		對餐點的滿意度	對服務的滿意度	居住地	性別	年齡區間
顧客 1	牛排	非常滿意	滿意	北部	男性	21-30
顧客 2	香菇	滿意	滿意	南部	女性	31-40
顧客 3	雞肉	滿意	滿意	中部	男性	21-30
顧客 4	牛排	普通	不滿意	北部	男性	41-50
顧客 5	牛排	滿意	普通	北部	女性	21-30
顧客 6	雞肉	非常滿意	滿意	南部	女性	51-60
顧客 7	香菇	滿意	非常滿意	中部	男性	21-30
顧客 8	雞肉	普通	滿意	東部	女性	41-50
顧客 9	豬肉	普通	非常不滿意	北部	男性	31-40
顧客 10	雞肉	滿意	滿意	北部	女性	31-40

資料好整理程度 ★☆☆☆☆

中，可發現調查資料的樣態其實就是一種多變量的資料型態。而其在視覺化的表現，則依據分析後的結果加以呈現，如居住在各地區點選的主餐占比，可以用來分析各地區的客人比較喜歡何種主菜。

6 報表資料

一般在網路上搜尋到的政府公開資訊或企業營運、財務資訊，常常是以報表資料型態呈現。以中央銀行所公布的國際收支簡表為例，國際收支簡表內呈現台灣每年在收支與投資的進出口狀況。我們可發現報表資料涵蓋了大類與細目別的資訊，大類就是 A.經常帳、B.資本帳與 C.金融帳，而細目資訊則是在 A.經常帳下，所包含的商品、服務、初次服務及二次服務的收入與所得狀況。大類的金額是由細目所組成，所以在使用報表資料時，特別要注意的是，資訊之間的從屬性，以避免錯誤的加總或運算。

報表資料在使用上，可從其中發現想要了解的資訊是由什麼組成，譬如：金融帳由直接投資、證券投資、衍生性金融商品及其他投資所組成，也可從中去探索各個元素的分布情況。若要進一步分析報表資料的趨勢，則首先要釐清什麼是「**需要**」的資料，或許我們只想要知道經常帳、資本帳與金融帳三大類目的總額變動，則需要透過篩選整理，才可後續進行分析 (表 1-6)。

第 2 節　資料分析的目的

小四正在寫一篇短論作業，評估台灣未來的經濟發展，他認為台灣的競爭力還算不錯，從媒體報導的資訊，他認為可下一個結論，台灣未來可以觀光為主要發展方向，政府應該將資源集中在觀光產業的發展。請問，小四可能犯了什麼樣的分析謬誤呢？

媒體的資訊可能受到他們報導的議題所影響，如在報導觀光時，可能強調台灣在觀光的表現，但因為缺乏其他產業的資訊，小四若用一篇報導去判斷台灣整體的產業，則可能會過於偏頗。

透過證據資訊的分析，去發現台灣是否真的在觀光產業有絕對的競爭力，並探索觀光在整體產業中的重要性，透過多種資訊的分析，來佐證小四所提出的觀點。資料分析的目的，即是在幫我們：(1) 發現現象、(2) 探索真相，以及 (3) 為你的觀察佐證。

表 1-6　報表資料示意

國際收支簡表（年資料）

(單位：百萬美元)

	2008	2009	2010^r	2011^r	2012^r	2013^r	2014^r	2015^r
A. 經常帳	24,821	40,650	36,833	37,888	44,348	51,284	61,909	75,798
商品：收入（出口）	269,641	215,469	289,383	325,772	388,356	382,106	378,980	336,899
商品：支出（進口）	240,470	176,098	252,368	286,120	338,773	327,539	318,771	264,064
商品貿易淨額	29,171	39,371	37,015	39,652	49,583	54,567	60,209	72,835
服務：收入（輸出）	23,340	20,504	26,663	30,643	34,546	36,461	41,491	41,127
服務：支出（輸入）	34,870	29,604	37,711	41,895	51,759	50,261	51,515	51,524
商品與服務收支淨額	17,641	30,271	25,967	28,400	32,370	40,767	50,185	62,438
初次所得：收入	23,277	20,351	23,265	24,833	25,022	24,609	29,271	29,769
初次所得：支出	13,299	7,827	9,689	11,654	10,429	11,089	14,754	13,032
商品、服務與初次所得收支淨額	27,619	42,795	39,543	41,579	46,963	54,287	64,702	79,175
二次所得：收入	5,519	4,945	5,278	5,566	5,509	6,179	6,661	6,618
二次所得：支出	8,317	7,090	7,988	9,257	8,124	9,182	9,454	9,995
B. 資本帳	-270	-50	-49	-36	-24	67	-8	-5
資本帳：收入	3	2	5	3	4	103	29	15
資本帳：支出	273	52	54	39	28	36	37	20
經常帳與資本帳合計	24,551	40,600	36,784	37,852	44,324	51,351	61,901	75,793
C. 金融帳	1,641	-13,488	339	32,027	32,669	42,489	52,746	68,376
直接投資：資產	10,287	5,877	11,574	12,766	13,137	14,285	12,711	14,709
股權和投資基金	10,320	5,901	11,634	12,669	13,153	14,282	12,690	13,649
債務工具	-33	-24	-60	97	-16	3	21	1,060
直接投資：負債	5,432	2,805	2,492	-1,957	3,207	3,598	2,839	2,413
股權和投資基金	4,874	3,685	2,779	-2,012	3,341	3,643	2,933	2,478
債務工具	558	-880	-287	55	-134	-45	-94	-65
證券投資：資產	-3,527	31,699	33,487	19,503	45,710	37,082	57,096	56,341
證券投資：負債	-15,777	21,372	12,823	-16,188	3,214	7,953	13,055	-858
衍生金融商品	-1,589	-852	-577	-1,038	-391	-838	-546	1,184
其他投資：資產	-10,621	-25,663	-12,317	7,988	-4,144	48,905	14,154	-14,238
其他投資：負債	3,254	372	16,513	25,337	15,222	45,394	14,775	-11,935

註：r 表修正數　　　　　　　　　　　　　　　　　　　資料好整理程度 ★☆☆☆☆
資料來源：中央銀行

📁 資料分析的目的

1 發現現象

當資料能夠反映你所關注的議題，對資料進行分析，則能夠發現其中的現象。譬如說，想要了解台灣少子化問題的情況，對應的資訊，則是由出生率來觀察。我們可以透過跨國資料去觀察，看全球、亞洲地區的出生率趨勢變化，若從時間趨勢的面向來看，則更可以看到所有國家在人口組成的變化，再觀察現象後，則是形成你研究主體的來源。

2 探索真相

現在資訊獲得管道增加許多，我們從傳統的媒體報導，到今日由每天使用的社群網站都可及時獲得新知。但同樣地，資訊將受限於報導對象。學習資料分析，則可降低二手資訊的偏誤。如本章一開始的例子「我國未勞動女性達 300 萬人，創 15 年新高！」讓讀者可能產生女性參與勞動的比例不斷下降的迷思，這就是媒體資訊引導認知的案例，**透過相關資料分析，我們可以去探索實際真相。**

3 為你的觀察佐證

為分析的結論提供證據基礎是資料分析的重要功能，我們常常會有印象性的觀點，如女生在文科比較拿手、男生在數理比較強，但要形成一個故事，缺乏證據證明也僅是一方說詞。透過男女生在各科目的表現分數比較，我們則可以客觀的數據來佐證你的主觀看法，也能讓其他讀者認同你的論點。

常見的資料分析謬誤

我們在前一節介紹了資料的類型，可得知資料除了文字或數字之外，還具有其重要的特性，在進行資料分析之前，要先判斷其具有的特性，後續不論在分析、視覺化上都能更加得心應手，也較能避免不適當的結果解讀。

你的分析產出品質取決於你的投入內容

資料分析並非高深的技術，但是也非一蹴可成，在不明瞭自己所有的資料特性、狀態，並加以整理，則會影響到後續的分析品質，最常見的資料分析謬誤包含 (1) 不適當的資料使用，(2) 不適當的視覺化呈現，(3) 不適當的分析方式，以及 (4) 不適當的結果解讀。

1 不適當的資料使用

(1) **使用來路不明的資料**：網路上充斥各種資料，許多資訊往往是片段、不明來源的，譬如說「據報導，現在的資訊工程畢業學生月薪約 5 萬元，相較於其他科系高出許多……」，在撰寫文章的作者，並未說明資訊來源，也未詳細說明實際內容，若貿然使用這類四手、甚至五手資訊，則會大大影響分析品質。投入內容的品質將大大影響分析結果的價值。

(2) **使用品質不好的資料**：資料的品質可以取決於它的來源、統計或調查方式，即便是官方資料也會存在品質的差異。在進行分析時，我們需要可信的機構所提供的資料，且其統計或調查過程為可公開查詢的。

(3) **使用不對的資料**：解釋 A 現象卻用了 B 資料，譬如：為了了解不同年級在學校的活躍程度，卻使用學生每週花在課業上的時數來進行分析，花在課業上的時數並非能完全反映同學的活躍程度，也可能讓分析結果產生錯誤解釋。

2 不適當的視覺化呈現

不同特性的資料，需要以不同的方式呈現。譬如說：當你的資料類型過多，用可表現百分比的圓餅圖，可能未必適當 (圖 1-5)。如調查資料分析中從事各行各業的人員分布百分比，包含拒答的答項，總共有 85 個行業別，用圓餅圖呈現，反而顯得難以閱讀，如圖 1-6 所示。而當資料類別的數量在可辨識的程度上，則用圓餅圖即可呈現其效果。

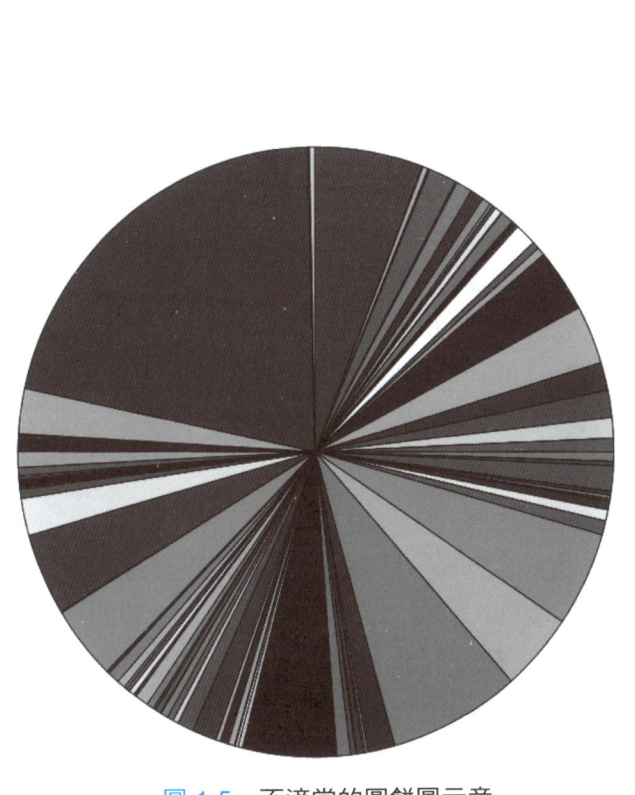

圖 1-5　不適當的圓餅圖示意

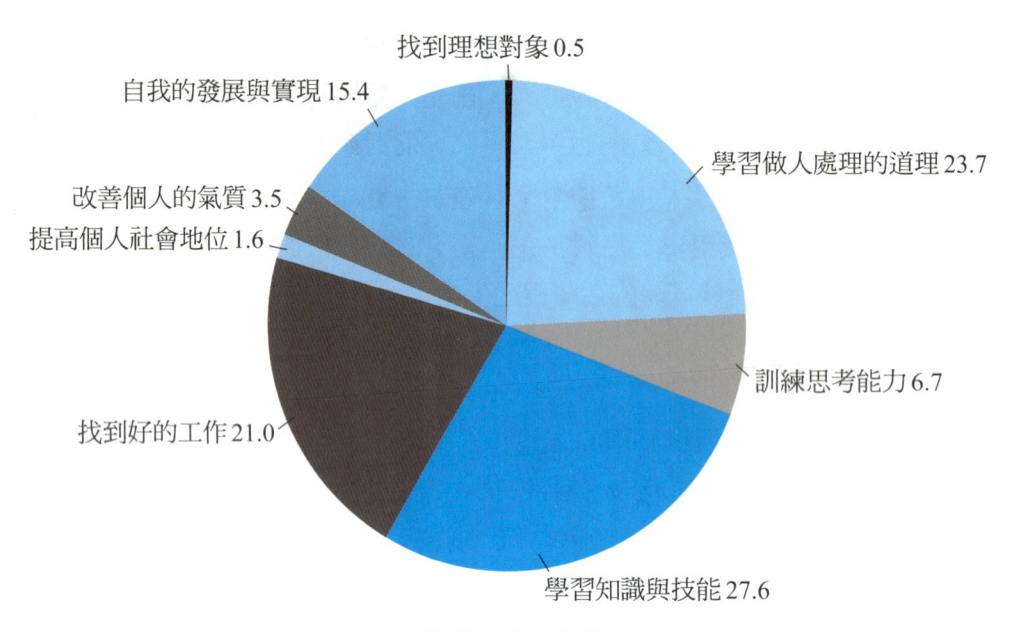

找到理想對象 0.5
自我的發展與實現 15.4
學習做人處理的道理 23.7
改善個人的氣質 3.5
提高個人社會地位 1.6
訓練思考能力 6.7
找到好的工作 21.0
學習知識與技能 27.6

圖 1-6　學習教育的意義圓餅圖示意

3 不適當的分析方式

配合不同的資料特性，分析模組也相當多樣。若資料為時間趨勢樣態，則透過時間序列的分析模組將更能表現出時間特性的影響，後續也可透過預測，對未來發展進行估測。當資料為縱斷面資料，則可能透過統計檢定，去檢測不同目標間的差異性。當你的資料為多變量資料，也有相關的研究模組，去捕捉不同類別間對於某現象的差異，譬如說，若我們要去判斷台灣小學的教育資源，將都市地區與鄉間地區的學校當成同一群體，則可能高估鄉間小學的資源程度，也低估都市地區的學習資源。

4 不適當的結果解讀

當你使用正確的資料、利用適當的視覺化呈現方式，也採用合適的分析方式，恭喜你！我們將只剩下結果解讀的步驟，但這也是資料分析中最重要的步驟。

我們在新聞媒體中，也經常可以看到不適當解讀資訊案例，譬如：「2016全球無知國家台灣排名第三，所以國民無知但不自覺！」，這樣的分析結果，並未去了解所謂無知評等的方式，以及該報導的可信度，這些都會影響分析結果的品質。

第 3 節　資料取得與開放數據

要進入資料分析的世界，資料的來源除了透過問卷調查親自收集之外，國內外都有很多資訊公開網站，包含各政府部門、非營利組織、國際性組織等，提供相當豐富的次級資料可供民眾下載，也是我們進行資料分析的好素材。以下則提供國內外的開放數據平台資訊，可依照個人想研究的議題，去進行資料取得。

1 國內常用開放數據網

在推動資料公開的趨勢下，各部會及機關多會在自身的網站中提供相關業務資料，譬如我們可以從觀光局網站下載每年到台灣觀光的遊客人數，從衛服部網站下載健保的相關資訊。而除了從以上機關網站獲得資料外，我們也可從以下的相關網站獲得不同種類的資訊。

(1) 主計處總體統計資料庫

主計處是負責政府資訊統計的機構，其所提供的資訊相當多，舉凡國民所得、家庭收支、勞工相關、工商業、交通、進出口、金融、財政、景氣相關、警政與消防、社會保險、教育、衛生、環保等等都涵蓋其中，點選目標資料後，即會跳出選取細項資料，如單位、類別及總類等 (圖 1-7)。

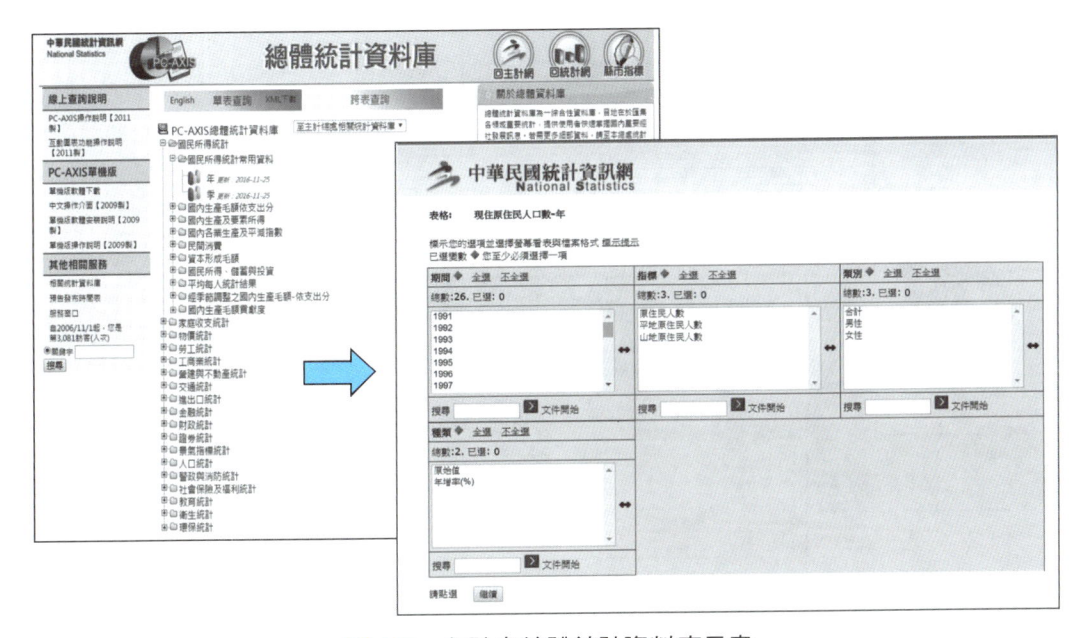

圖 1-7　主計處總體統計資料庫示意

(2) 縣市重要統計資料庫

除了國家整體性的資料庫外，各縣市的資料，我們則可從「《中華民國統計資訊網》縣市重要統計資料」網頁取得，它提供各縣市的面積、人口、教育、社福、地方基礎建設情況，以及相關經濟活動等資訊(圖 1-8)。且該網頁也提供了以地圖呈現目標資料的功能，在使用上同樣點選目標資料，並做進一步細項資訊選擇，即可呈現之。

(3) 政府資料開放平台

政府資料開放平台是近年建置的，提供了相當規模的資訊，除了數據資料外，也包含以往僅會在部會機關、縣市政府網站呈現的資訊(圖 1-9)，如水庫蓄水量、台灣寺廟名冊等，相當多樣化。對於已經掌握分析議題方向的人，是個探索有關資料是否存在的好地方。

(4) 學術調查研究資料庫

若想要分析調查型資料，除了自行進行民意調查之外，也可利用學術調查研究資料庫內的各式資訊(圖 1-10)。其提供了許多長期以來政府補助調查的方案，如社會變遷調查、台灣意向、選舉資料等，透過多年度的觀察，讓調查資料也可進行時間趨勢的觀察，是相當豐富的資料庫。

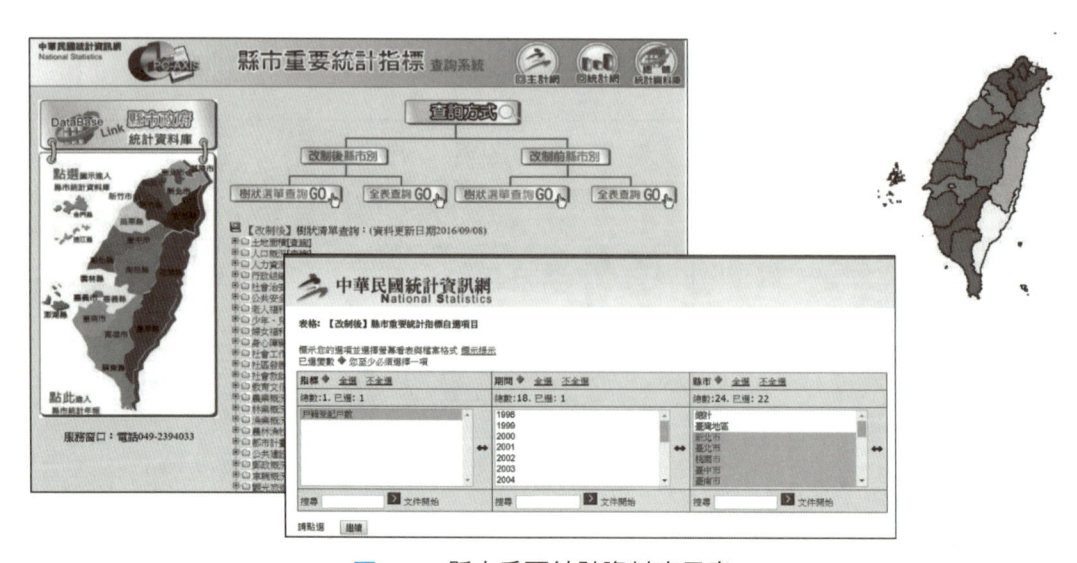

圖 1-8　縣市重要統計資料庫示意

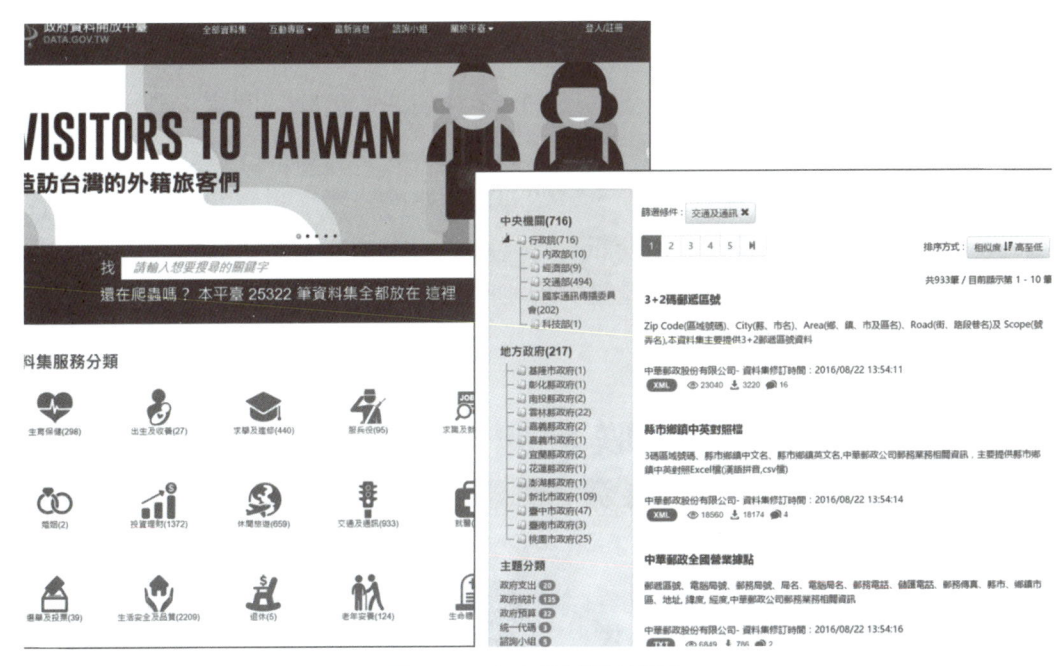

圖 1-9　政府資料開放平台

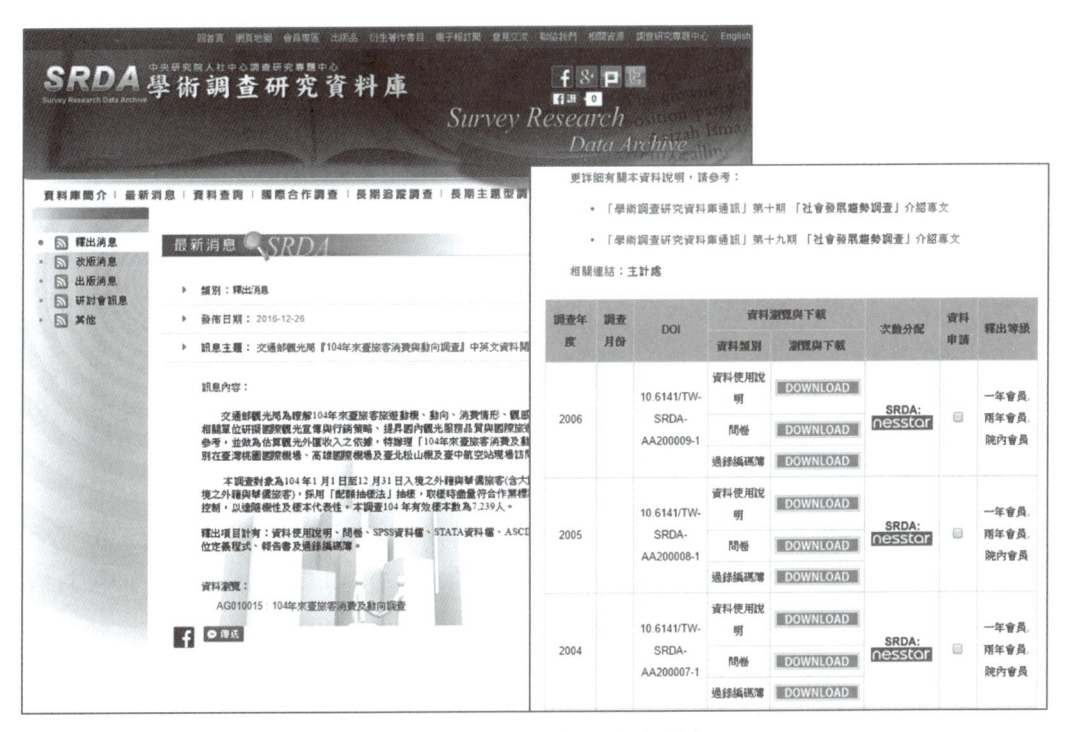

圖 1-10　學術調查研究資料庫

2 國外常用開放數據網

跟台灣一樣，各國也會定期公布國內的各項資訊，但除了國家之外，許多國際性組織也提供了跨國資料，包含如各國的人口、經濟、勞動、健康等等，相當豐富，對於要進行跨國分析比較上，是個非常豐富的資源。世界銀行組織提供各國的經濟、財政、人口等多樣化資訊，聯合國則定期公布有關人權、社會指標、醫療等等資訊 (圖 1-11)。兩資料庫都有提供相當長期的跨國資料資訊，可進行多樣態的資料分析。

圖 1-11　國外開放數據網

第 4 節　資料分析的工具箱

坊間有相當多樣化的分析軟體，有需要付費的，與免費使用的軟體，但要進行資料分析，並非一定要透過昂貴的軟體才可達到目的。了解資料的原理，具有明確的分析目標，就可透過隨手可得的分析工具來完成資料分析，以下則簡介幾項好玩又好用的分析工具。

Excel 及 Google 試算表

Excel 是相當普遍的分析工具，除了可建立資料表之外，也可利用它的多樣化圖表呈現資料，對於前面提到的時間序列、橫斷面、縱橫資料等等 (圖 1-12)，只

有經過整理,皆可找到對應且適合的圖型,如直方圖、折線圖、圓餅圖、區域圖、雷達圖、盒鬚圖、瀑布圖等等。此外,透過 Excel 的樞紐分析工具,也可對於大規模的資料進行探勘,自動摘錄、整理與彙整原始資料,最重要的是,它相當容易操作。

地圖資訊的呈現,相當適合做跨國或跨區域的資料分析,目前 Excel 也有提供地圖資訊的呈現,圖 1-13 即是用芝加哥地區的犯罪率所繪製的熱力圖,顏色較深者表示犯罪率較高的區域。

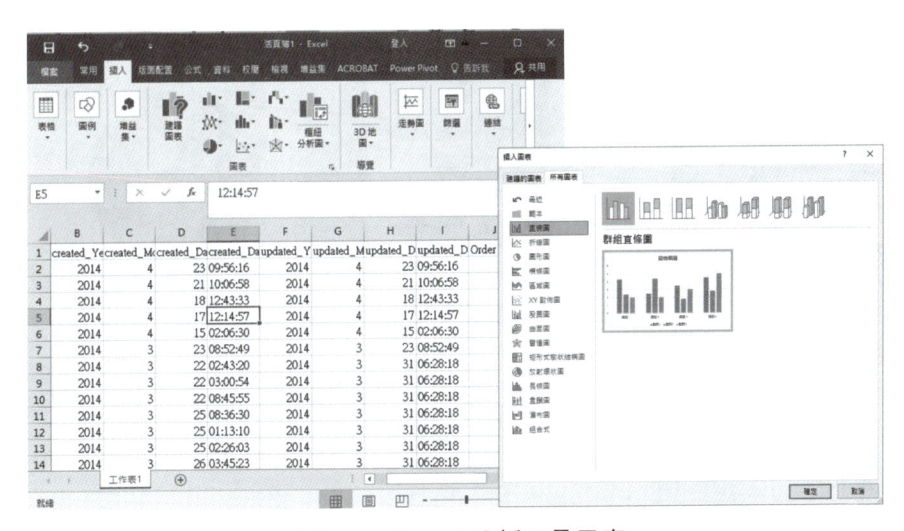

圖 1-12　Excel 分析工具示意

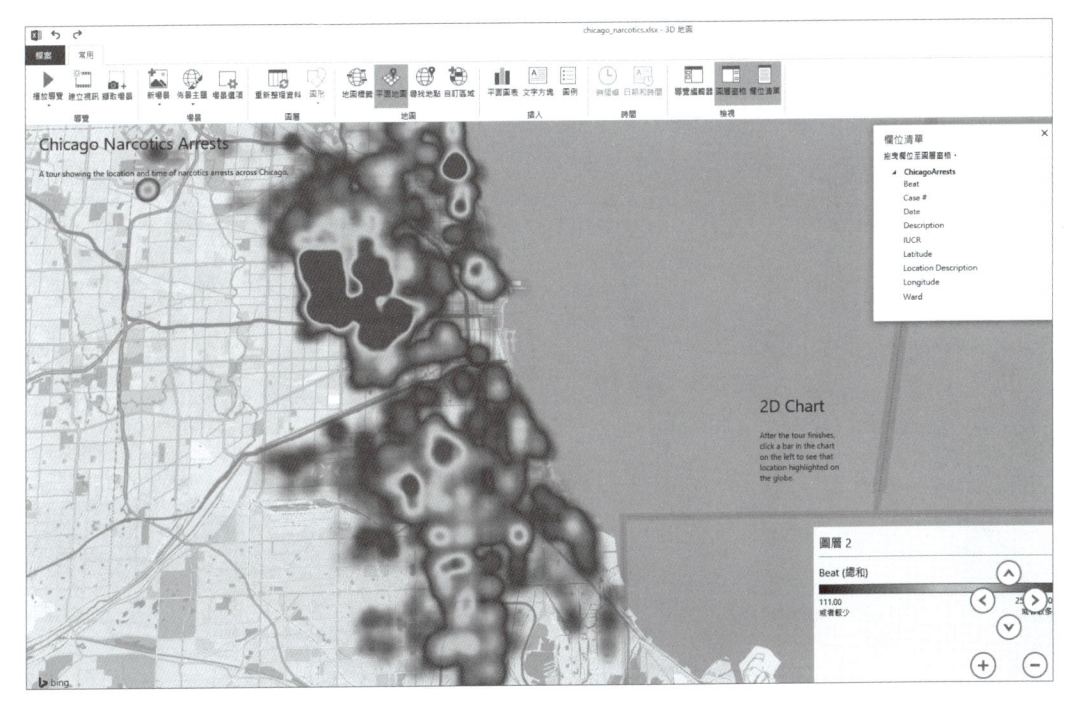

圖 1-13　Excel 地圖分析示意

若手邊的電腦裡並沒有安裝 Office 軟體，我們也可透過免費的 Google 試算表來做資料分析 (圖 1-14)。它的功能雖然沒有 Excel 豐富，但在做資料整理、分析、繪圖也綽綽有餘，只要在網路上下載安裝，則可連網使用。

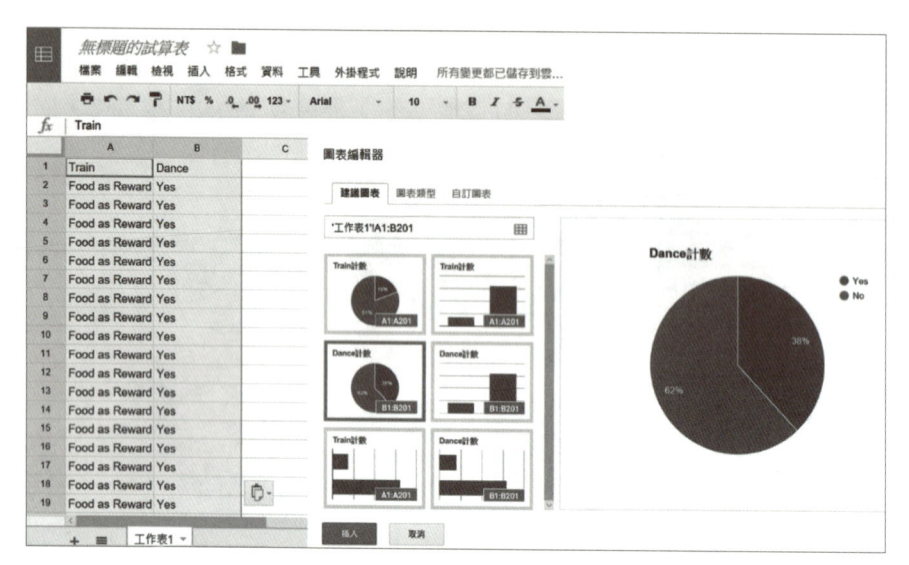

圖 1-14　Google 試算表示意

互動式分析工具

互動式的視覺化圖表，是現在資料分析中相當受到歡迎的功能，使用者可透過點選來做篩選，改變圖像的狀態，呈現出即時的變化。且其中有很多工具是不需要資深的程式背景，就可以輕鬆操作，諸如 Highcharts、Google Charts、Raw、Tableau 等等，有興趣者可直接上網查閱使用。

本章作業

1. 請問以下的資料各屬於什麼類型的資料呢？
   (1) 森中高中近 10 年的入學率
   (2) 亞洲所有國家最近一年的經濟成長率
   (3) 研究院公布 25 年間男、女性的薪資水準

2. 資料分析常犯的謬誤有哪些？

3. 資料分析的目的有哪些？

4. 請透過網路公開資訊蒐集以下幾項資料：
   (1) 台北市近 5 年人口總數
   (2) 國民幸福指數近 3 年資訊
   (3) 我國死因統計
   (4) 亞洲國家經濟近年成長率

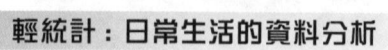

第 2 章
用樞紐分析進行資料探索 I

當我們得到一個新的工具，我們會想先了解這個工具的功能是什麼，它有什麼特性，可以怎麼變化，以便讓它發揮功用。當得到一筆資料時也是如此，弄清楚手邊資料的特性、範圍、缺漏值狀況，可協助我們在作出結論時能以合適的方式和角度來使用資料佐證。

第 1 節　資料的探索方法

當資料量不多時，我們可以直接判斷資料可能的變化，譬如透過人工判斷，可得知班上有 5 個北部同學、5 男 5 女、6 位考試入學的同學等，可做相關的描述分析，但若要進一步分析不同入學管道的同學在社團選擇上的差異 (表 2-1)，譬如：南部的同學是否比較喜歡康樂類的社團？要回答這個問題，利用人工判斷是不是顯得更加複雜及困難呢？

表 2-1　多變量資料

學號	性別	居住地	入學管道	參加社團
A01	男生	北部	推甄	VR 研究社
A02	男生	南部	考試入學	樂舞社
A03	男生	中部	考試入學	樂舞社
A04	男生	北部	轉學	中國文學
A05	男生	北部	推甄	愛樂社
A06	女生	南部	考試入學	科學研究社
A07	女生	中部	考試入學	愛樂社
A08	女生	東部	考試入學	中國文學社
A09	女生	北部	考試入學	樂舞社
A10	女生	北部	推甄	科學研究社

Part 1 資料的樞紐分析
輕統計：日常生活的資料分析

當然，我們可以透過工具來協助我們進行資料的處理及分析。在第一章第三節所介紹的 Excel 則是相當好的工具。透過排序 (Sort)、篩選 (Filter)、計算功能，可以快速的對我們的資料進行探索。

📁 資料排序

排序功能是可將資料按照數字、英文字母、中文字筆畫等方式做順序排列，將居住地排序後，則 Excel 會自動將相同居住地的資訊排序在一起，我們則可清楚判斷有班上同學來自的地理位置分布 (參考圖 2-1)。

我們由排序後的資料 (圖 2-1) 可發現，各地區來的學生在社團選擇上都相當分散，並未出現特定地區多選擇某個 (或某類型) 社團的情況。

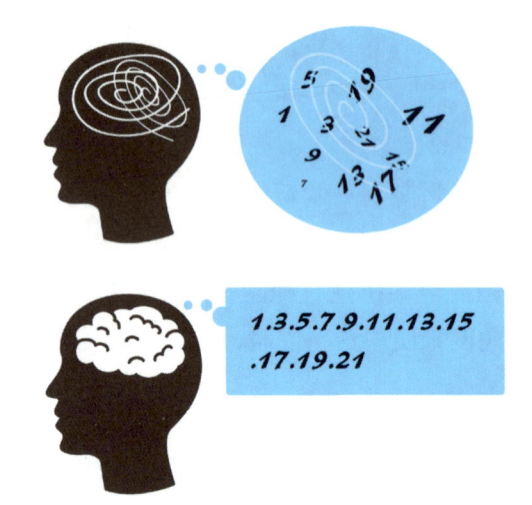

1.3.5.7.9.11.13.15.17.19.21

資料排序可以幫我們從資料的混亂中找出秩序

【排序功能操作步驟】選取要排序的欄位→點選滑鼠右鍵→點選〔排序〕→點選排序規則。

按照筆畫進行排序

學號	性別	居住地	入學管道	參加社團
A02	男生	南部	考試入學	樂舞社
A06	女生	南部	考試入學	科學研究社
A08	女生	東部	考試入學	中國文學社
A01	男生	北部	推甄	VR研究社
A04	男生	北部	轉學	中國文學
A05	男生	北部	推甄	愛樂社
A09	女生	北部	考試入學	樂舞社
A10	女生	北部	推甄	科學研究社
A03	男生	中部	考試入學	樂舞社
A07	女生	中部	考試入學	愛樂社

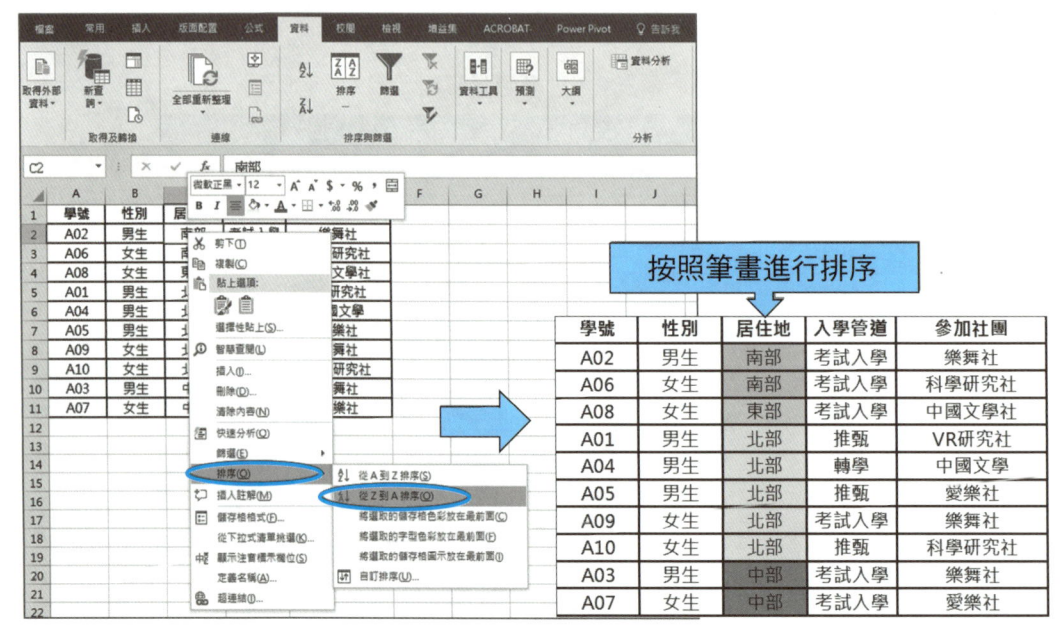

圖 2-1　以排序功能進行資料處理

📁 資料篩選

　　篩選功能則是將資料欄位增加挑選功能，後續則可針對欄位內的特定類別挑選，只呈現想要的資料類型。譬如：

　　　先觀察本班居住在北部地區的同學的各項資訊

可利用篩選功能把同類型的同學挑出，其他資料則隱藏。篩選功能跟排序功能相同，都有助於資料探索的效率(參考圖 2-2)。

　　【篩選功能操作】選取欄位名稱→點選〔資料〕群組裡的〔篩選〕功能→點選欲篩選列的〔篩選紐〕→挑選目標資料打勾→完成資料篩選。

　　資料篩選除了選擇特定的類型之外，也可針對數值的大小來做挑選。如我們想先觀察成績不及格的學生的各項資訊，則可透過〔數字篩選功能〕，將群體挑出來做後續的分析。

　　【數字篩選功能操作】點選欲篩選目標欄位的〔篩選紐〕→選擇〔數字篩選〕→選擇篩選規則→設計篩選條件→完成資料篩選(圖 2-3)。

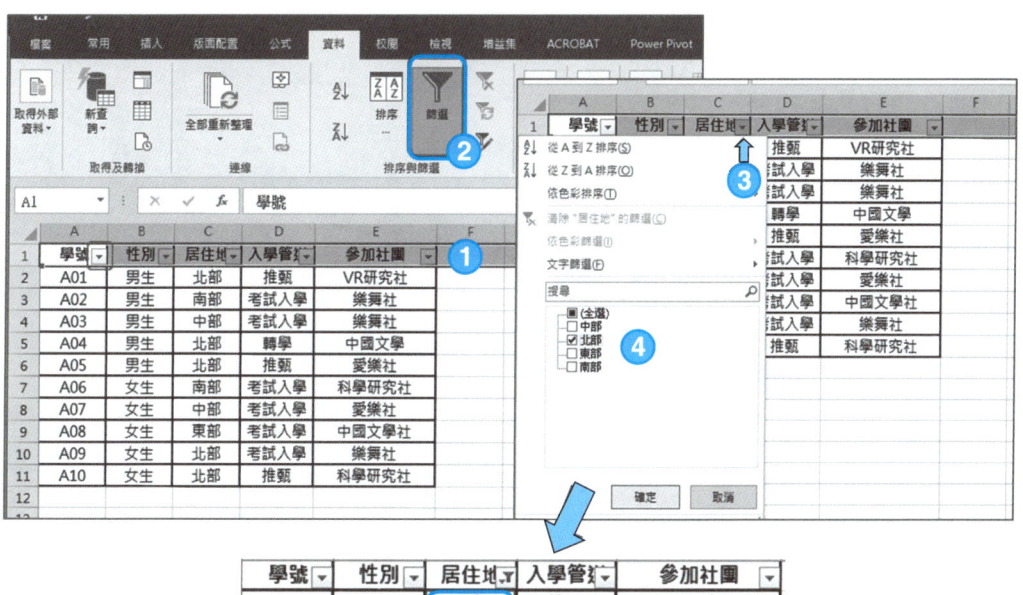

圖 2-2　以篩選功能進行資料處理

Part 1　資料的樞紐分析

輕統計：日常生活的資料分析

① 點擊成績欄位的〔篩選鈕〕

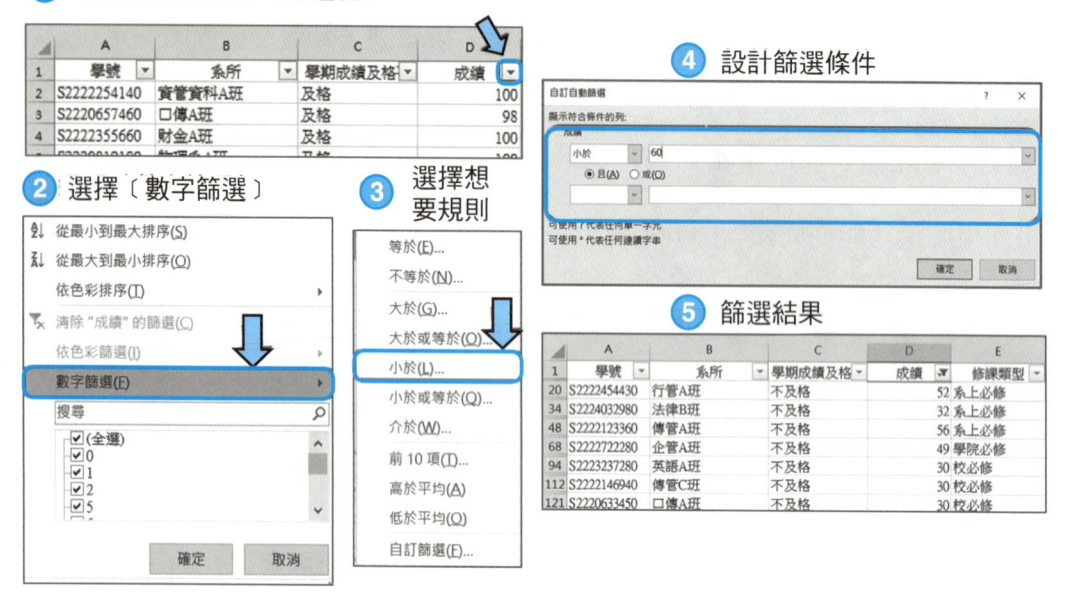

② 選擇〔數字篩選〕

③ 選擇想要規則

④ 設計篩選條件

⑤ 篩選結果

圖 2-3　數字篩選操作

資料篩選可以幫我們從混亂資料中選擇個別重點討論

📂 資料計算

若現在手邊的資料包含數值資料，Excel 也可以協助我們做相關運算，譬如：

　　Vbike 公司員工要以 Vbike 每月租借次數以及營收資訊計算出每月平均租借狀況及營收情況

此可利用 Excel 的函數設定來協助。一般常用的資料分析函數包含平均數、加總及計數等，透過簡單的函數設定就可了解平均每月的租借次數有 1.9 萬次以上，而

搭配營收資訊，則可進一步分析消費者的使用情況，是否都超過每前 30 分鐘免費的情況 (參考圖 2-4)。

思考題　什麼情況下，租借次數與營收狀況並非同時增加呢？

除了基本的運算功能之外，Excel 也可迅速呈現特定欄位範圍的最大、最小值、變異數、中位數等統計數據，協助我們做資料的狀態判讀，以及做相關的資料分析。

Excel 常用的資料分析公式

1. 加總：SUM (儲存格範圍)
2. 平均：AVERAGE (儲存格範圍)
3. 計數：COUNTA (儲存格範圍)

進階重要公式

★ Vlookup：可將兩個資料類別相同，但排序不同的資料表結合，譬如說 A 表有學號、成績、性別資訊，而 B 表有學號、居住地、社團參與概況。要將兩個學號排序不同的表格有效率的合併為一張具有學號、成績、性別、居住地、社團的大表，則可透過 vlookup 進行合併對照。

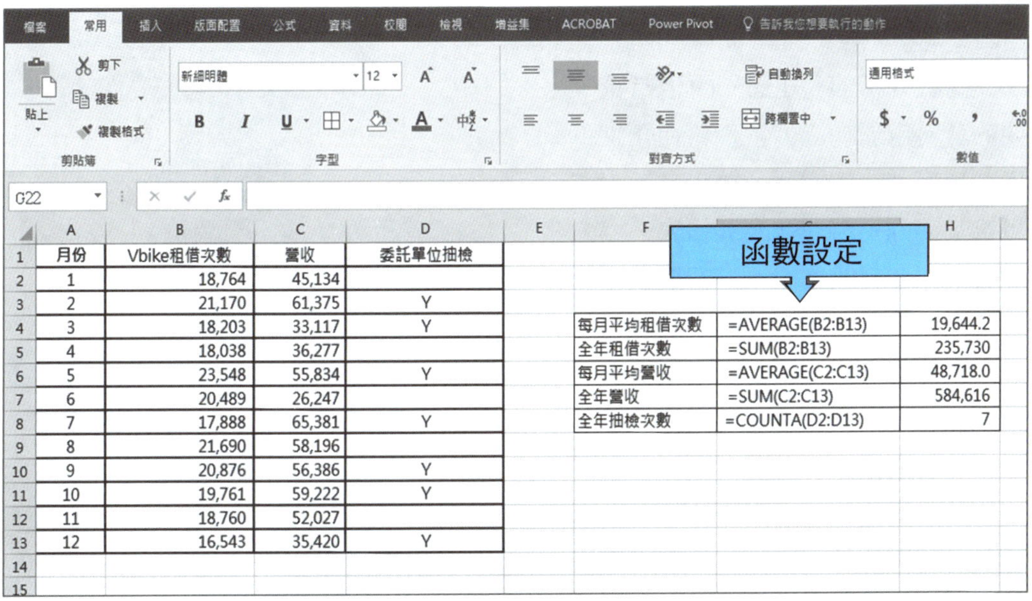

	A	B	C	D
1	月份	Vbike租借次數	營收	委託單位抽檢
2	1	18,764	45,134	
3	2	21,170	61,375	Y
4	3	18,203	33,117	Y
5	4	18,038	36,277	
6	5	23,548	55,834	Y
7	6	20,489	26,247	
8	7	17,888	65,381	Y
9	8	21,690	58,196	
10	9	20,876	56,386	Y
11	10	19,761	59,222	Y
12	11	18,760	52,027	
13	12	16,543	35,420	Y

函數設定

F	G	H
每月平均租借次數	=AVERAGE(B2:B13)	19,644.2
全年租借次數	=SUM(B2:B13)	235,730
每月平均營收	=AVERAGE(C2:C13)	48,718.0
全年營收	=SUM(C2:C13)	584,616
全年抽檢次數	=COUNTA(D2:D13)	7

圖 2-4　以計算功能進行資料處理

Part 1　資料的樞紐分析
輕統計：日常生活的資料分析

> **思考題**　利用排序、篩選、計算功能可協助我們進行資料分析，但當資料量變成 5 倍、甚至 10 倍以上時，該如何做資料處理才會更有效率，且提升資料處理的正確性呢？

當資料量太大太廣時，一般性的資料處理就無法負荷。

　　當資料量變得更多更廣時，在人工判斷上將會越來越困難，即使利用篩選、排序及計算，皆須搭配肉眼的計數判斷，負擔也是相當大。如何在大量且複雜的資料去進行資料分析，Excel 內的**樞紐分析**則是相當便利、容易取得且易於使用的工具。

第 2 節　樞紐分析表的概念

　　樞紐分析表是 Excel 內相當重要的資料處理功能，當資料在類別多、規模大的情況下，樞紐分析表可自動摘錄、整理並產製報表，協助我們對資料的判讀，搭配樞紐分析圖形的產製，可以視覺化的圖像呈現樞紐報表的資訊 (圖 2-5)。最便利的是，樞紐分析可透過拖曳、點選等容易使用的型態來操作，對於資料分析的初學者來說，是相當好用且強大的分析工具。

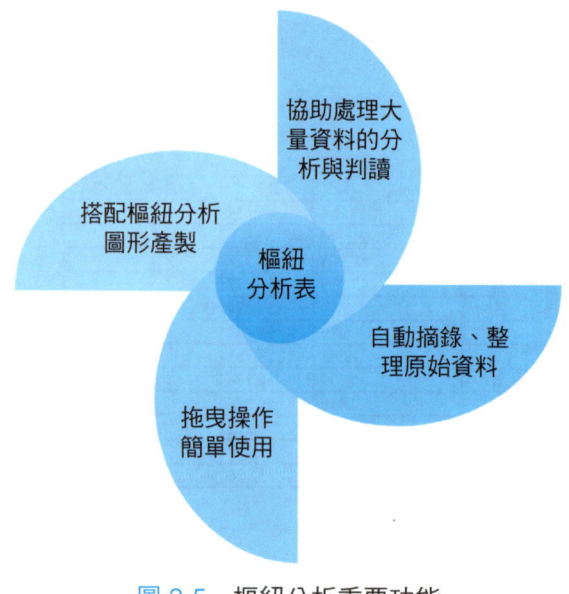

圖 2-5　樞紐分析重要功能

- 協助處理大量資料的分析與判讀
- 搭配樞紐分析圖形產製
- 自動摘錄、整理原始資料
- 拖曳操作簡單使用

26

樞紐分析表的架構

圖 2-6 的資料是誠心大學 105 學年第一學期同學們各科的修課成績，包含每個學生在這學期的修課情況，是否及格，並搭配社團參與、校外打工及居住地區的資訊，資料總筆數有 16,280 筆，資料規模大，且類型相當廣。

思考題 誠心大學 105 學年第一學期同學們各科的修課成績是屬於何種型態的資料呢？

面對此類型龐大且複雜的資料，樞紐分析表則可展現它在資料整理及分析上的強項。在 Excel 功能欄〔插入〕中，點選〔樞紐分析表〕，則會將我們的資料代入樞紐分析功能中，並進入圖 2-7 的工作表中。樞紐分析表主要結構可分為六大部分。

(1) 資料清單：為我們的誠心大學 105 學年第一學期修課成績資料，以欄名稱呈現。

(2) 欄區域：將要置為欄位的資料收入在此。

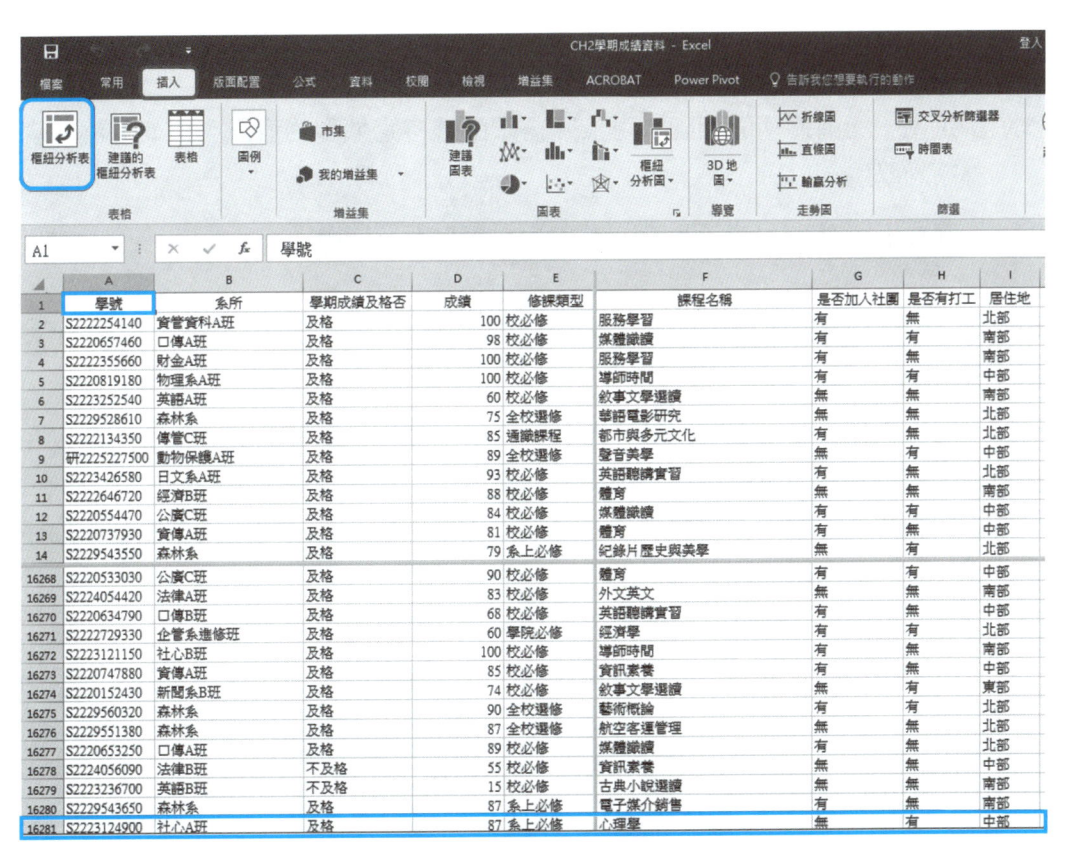

圖 2-6　誠心大學 105 學年第一學期修課成績資料

Part 1　資料的樞紐分析
輕統計：日常生活的資料分析

圖 2-7　樞紐分析表主要結構

(3)　列區域：將要置為列位的資料收入在此。

(4)　值區域：將要計算之資料收入在此。

(5)　篩選區：與前述功能相同，可依照需求篩選特定類型的資訊，譬如只篩選森林系的學生。

(6)　反應區：在 (1)~(5) 區域的設定及調整皆會反映在此區域中。

📂 樞紐分析表的操作

　　舉例來說，要探討誠心大學學生的修課狀況，可以先從課程評分狀況來觀察，可將「課程名稱」拖曳到列區域，而因為目標在觀察各課程的評分情況，所以在值區域的部分則置入「成績」，由於成績欄位包含單一課程中所有學生之分數，為計算科目平均成績，在值區域的統計則選擇平均值，且可將成績更名為平均成績 (在自訂名稱中修改) (圖 2-8)。

　　另外，我們也可觀察每個課程的修課人數，將值區域的部分則置入「成績」的統計則選擇計數，則樞紐分析表會自動將每個課程的學生人數計算出來，我們再將它更名為修課人數。

用樞紐分析進行資料探索 I 2

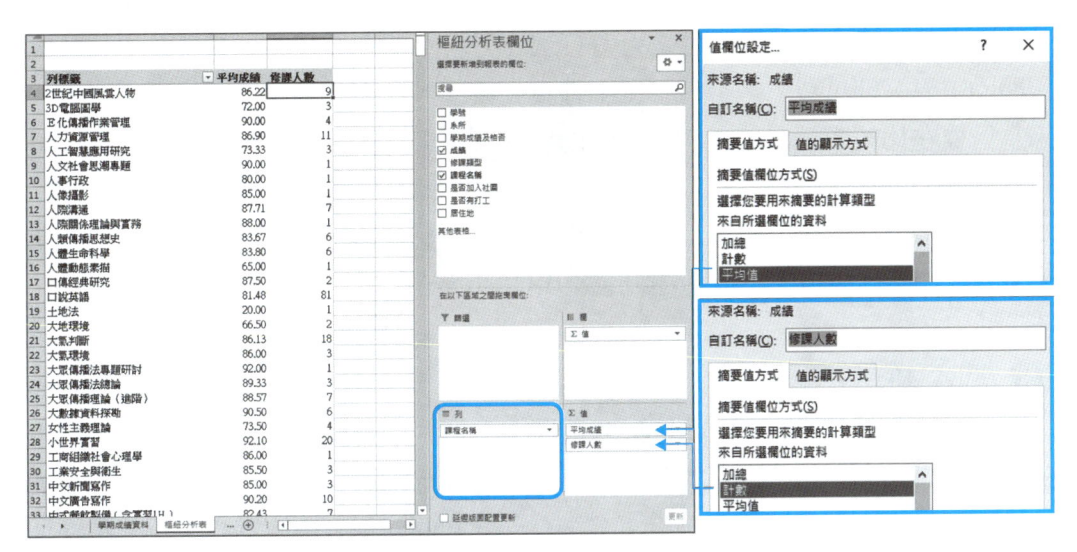

圖 2-8　樞紐分析表範例 1

【資料分析的概念邏輯】

1. 在值區域的設定，要統計出修課人數的資訊，考量只要該科目有任一成績，則表示有一個學生修課完成，故在〔選擇您要用來摘要的計算類型〕，將成績資訊用計數統計，計數表示當該科目有一筆成績則列 1，兩筆成績則統計為 2，如此一來，我們就可以估算每門課程的修課人數。

2. 要獲得每門課程的平均成績，因每門學科在單一學期的平均成績是由該學期所有學生的成績平均計算，所以平均成績的部分，在〔選擇您要用來摘要的計算類型〕中選擇平均數。

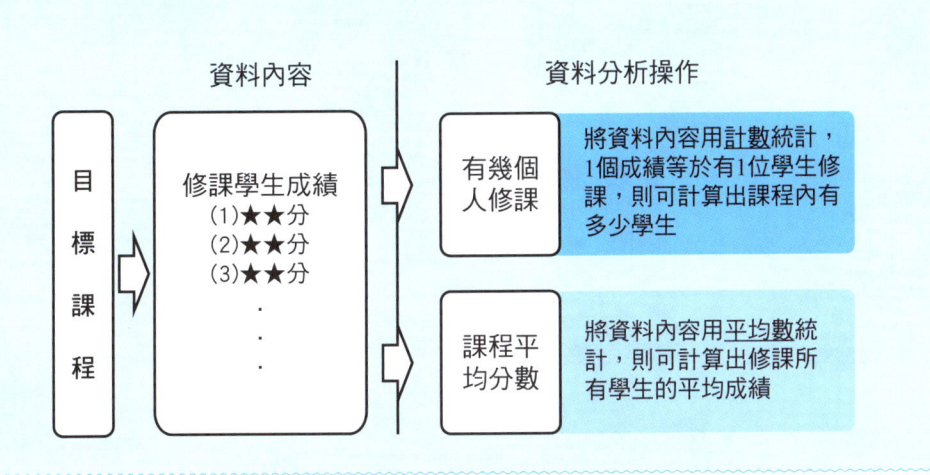

29

Part 1　資料的樞紐分析
輕統計：日常生活的資料分析

又或是，想進階探討學生是否有打工，對於學期總成績的影響，並比較各系所間的差異，則可將「是否有打工」拖曳到欄區域，而「系所」則拉到列區域。因為目標在比較成績差異，所以在值區域的部分則置入「成績」，由於成績欄位包含每個學生在當學期各科表現，為計算學期成績，在值區域的統計則選擇平均值。透過以上的設定，則可以樞紐分析表直接觀察各系所，打工與沒有打工的學生群在學期平均成績上的差異 (見圖 2-9)。

📁 加入篩選功能

當想要分群分析時，也就是只要選擇特定類型來分析時，就可利用樞紐分析的篩選區，譬如：將「是否加入社團」拖曳到篩選區，則可選擇有加入或沒有加入社團的類型，做區別性的分析。選擇有玩社團的同學，來觀察打工與否在學期成績中的表現，並做不同科系的比較，則可利用篩選功能進行比較分析 (圖 2-10)。

▸ **思考題**　從樞紐分析表中，可以看到〈中文碩士班 A 班〉在成績欄出現空格，請問這代表什麼意思呢？

透過樞紐分析表，我們可輕易探索出原始資料的欄位以外的多項資訊，如每堂課的修課人數、平均成績以及各系所的學期總成績等。且樞紐分析表還有許多相容功能，譬如篩選、排序、函數運算等功能，在 Excel 一般分析使用的功能皆可套用在樞紐分析表中。透過報表的美化〔設計〕功能，則可效率呈現重要資訊。

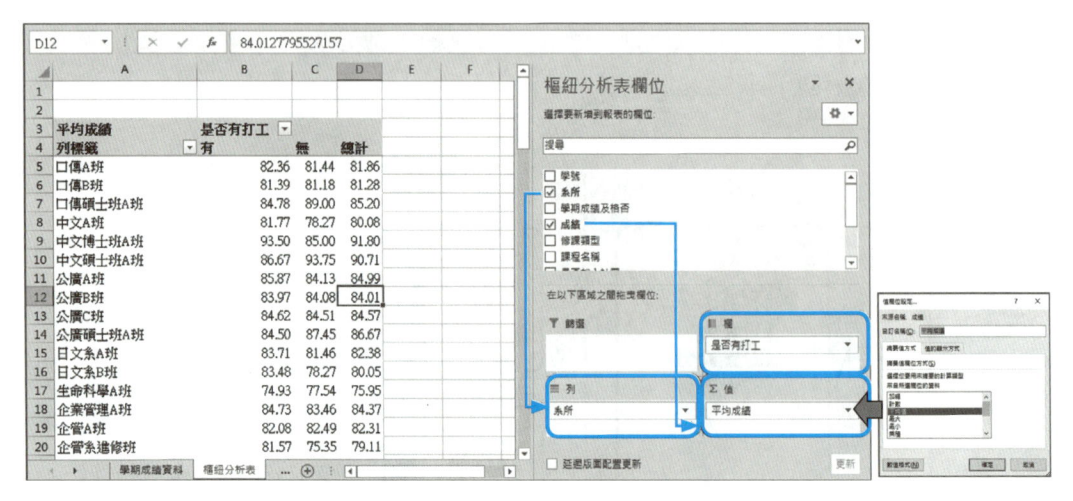

圖 2-9　樞紐分析表範例 2

用樞紐分析進行資料探索 I 2

圖 2-10　樞紐分析表的篩選功能

第 3 節　樞紐分析的視覺化

　　Excel 的樞紐分析表功能，也可搭配分析結果，同步產出樞紐分析圖，強化視覺化資料呈現的功能。舉例來說，同樣分析誠心大學修課成績這筆資料，我們先製作一張樞紐分析表，觀察課程類型的及格比率是否有明顯差異。在列區域與欄區域分別置入修課類型及學期成績及格與否，並以列比例設定，則可得到各課程類型的及格比例 (圖 2-11)。

　　製作樞紐分析圖，則在 Excel 功能欄〔插入〕中，點選〔樞紐分析圖〕，則會出現圖像選單，內建圖像為直方圖，但分析者也可依據自身的判斷，選擇更為合適的圖形呈現之。

　　由於資料的型態是依據每種課程類型計算及格與不及格人數的百分比，在視覺化的呈現上，則可選擇百分比堆疊直方圖，可直接透過每個課程類型的直方圖及格比例做比較，從圖 2-12 的直方圖來看，可以發現通識課程的不及格比例是比其他課程明顯為高的。

31

▶思考題 什麼原因會造成通識課程的不及格比例較其他課程為高呢？其原因是目前資料能予以解答的，還是需要再進一步研究才可能得知呢？

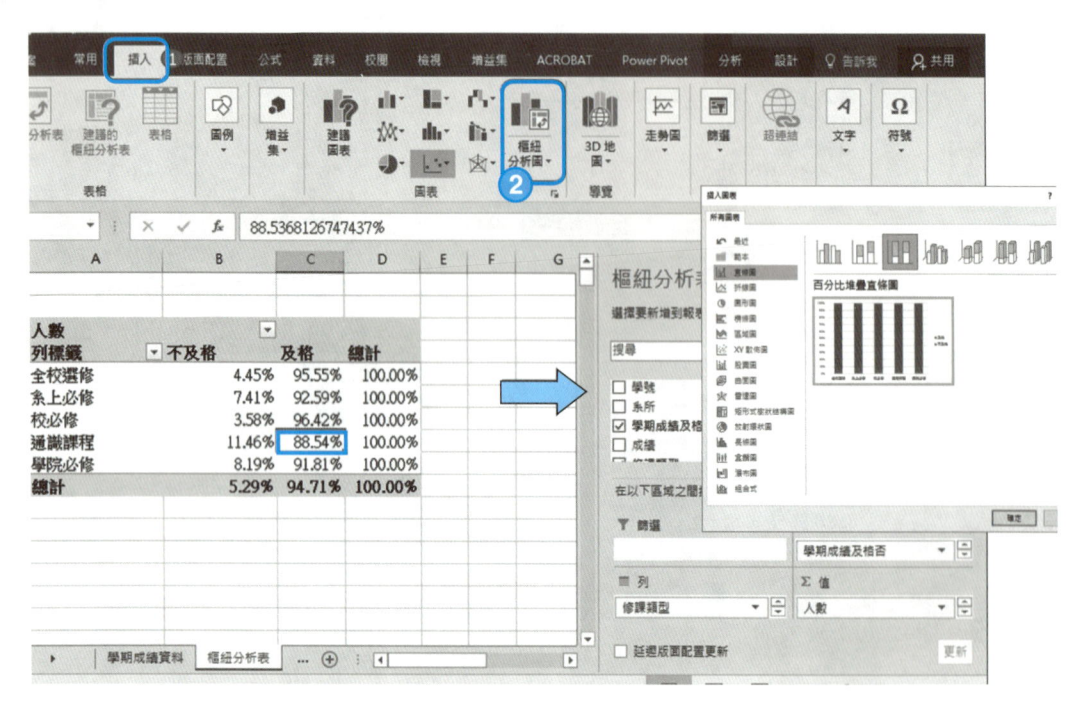

圖 2-11　課程類型與及格比例樞紐分析表

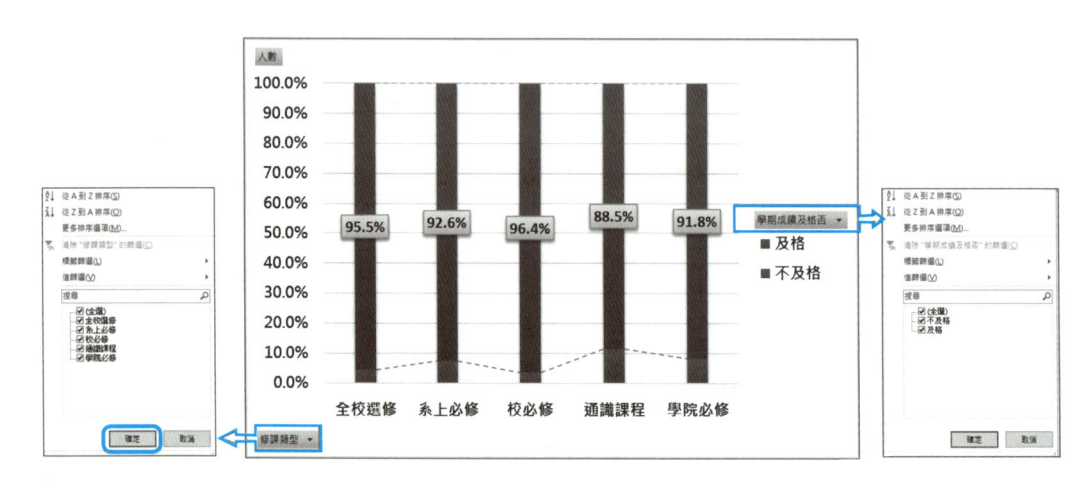

圖 2-12　課程類型與及格比例直條圖

樞紐分析圖的產製，也會搭配分析表的〔篩選〕功能，在左側的及格與否的〔圖例〕區上，點選則會出現篩選表，同樣地，在修課類型欄位也可進行篩選，譬如只選擇全校選修、系上必修等兩課程做仔細觀察。

透過樞紐分析表的分析，還可以製作相當多樣態的圖形。如圖 2-13 的〔圓餅圖〕顯示誠心大學的學生來自何處，北部的學生占了 40.9%、其次為中部的 29.6%，顯示誠心大學主要的學生來源大部分是西部的學生。

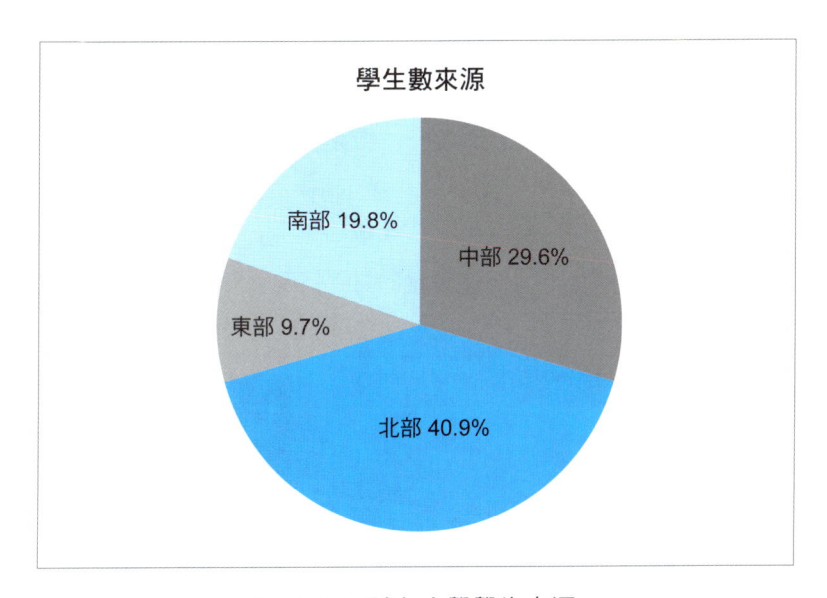

圖 2-13　誠心大學學生來源

而圖 2-14〔堆疊直方圖〕可呈現誠心大學學生的打工情況，觀察每個來源地的學生的打工人數分布，若就區域間的比較，各地區的打工人數占比都差不多，打工與沒有打工的人數差距都沒有特別明顯的表現。

圖 2-15〔矩形式樹狀結構圖〕則可呈現誠心大學學生參與社團的狀況，觀察每個來源地的學生的社團參與人數，矩形式樹狀結構圖利用方塊面積來表現人數上的差異，北部地區因為人數較多，所以整體的面積區域較大，在北部地區下又分為有參加及沒參加兩種人數分布矩形，我們從圖形中也可觀察到有參加社團的學生占了大多數。

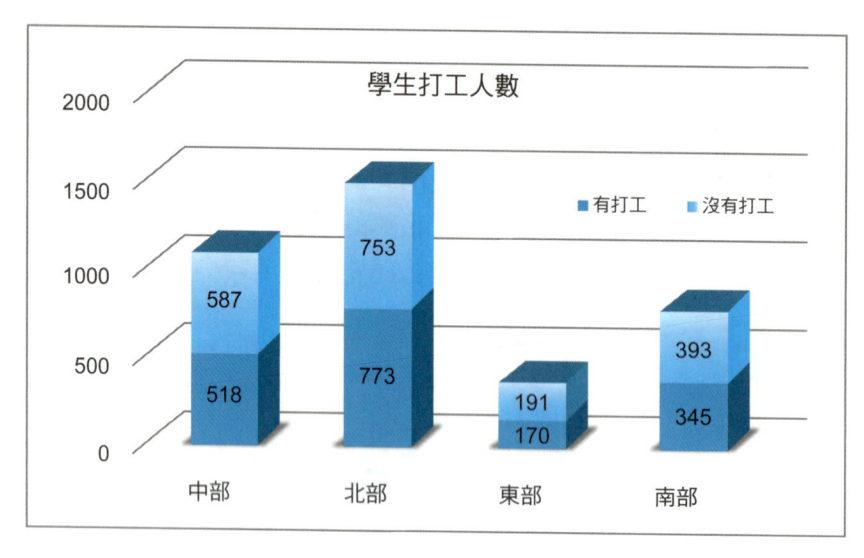

圖 2-14　各來源地的打工情況圖形

圖 2-15　各來源地學生參與社團狀況

　　為了進一步觀察不同來源地的學生在修課成績表現上是否有差異，可利用圖 2-16〔百分比堆疊橫條圖〕來比較。百分比堆疊橫條圖將各地區及格與不及格人數換算為百分比，透過地區間的比較，則可發現各來源地的學生在修課表現上，並未有特別明顯的差異，各來源地學生不及格的比例差距其實不多，由此可知，學生的來源地並非是影響成績的主要因素。

　　以上的視覺化圖像，都可透過樞紐分析表直接產製，或是進一步分析而得，透過視覺化的呈現，可以讓分析者能盡速掌握資料狀況，甚至可以從中發現新的論述，是相當重要的分析技巧。

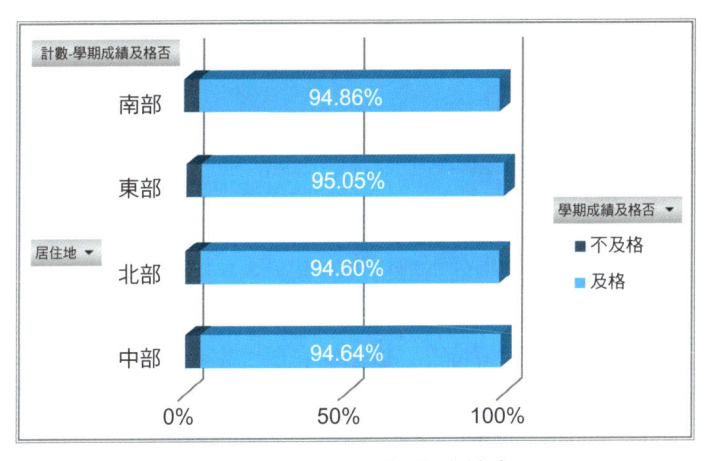

圖 2-16　各來源地學生成績表現

第 4 節　Excel 試作

　　現在就來製作第一張樞紐分析表！開啟〔CH2.學期成績資料〕，此筆資料可觀察誠心大學學生的各科目成績表現。按照以下步驟，來製作樞紐分析表 (圖 2-17)。

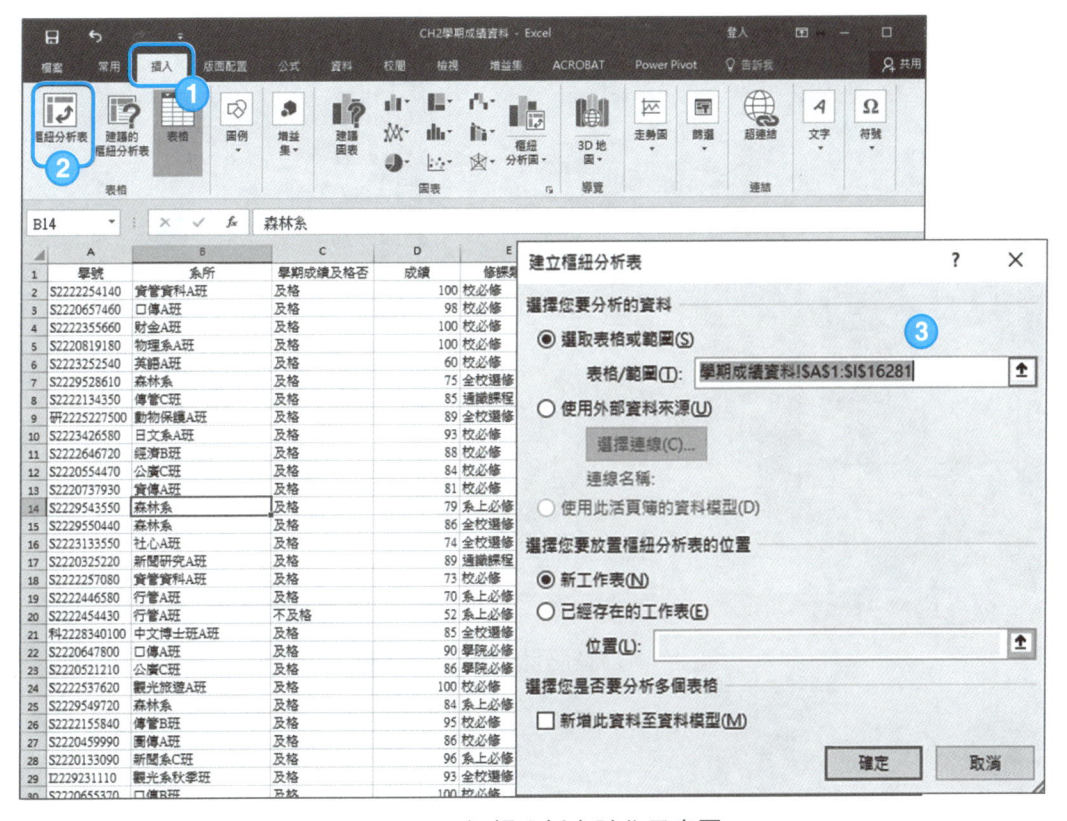

圖 2-17　樞紐分析表試作示意圖

35

Part 1　資料的樞紐分析
輕統計：日常生活的資料分析

步驟一 選擇 Excel 功能列中的〔插入〕功能。

步驟二 選擇〔樞紐分析表〕。

步驟三 Excel 會偵測資料的範圍，自動代入表格／範圍欄，這邊我們僅需要確認表格範圍沒有錯誤，並按〔確定〕。

　　接下來就進入我們熟悉的空間，樞紐分析表的主要結構。在分析之前我們可先將這張工作表重新命名，以便後續的管理及分析。

步驟四 將工作表從新命名為〔樞紐分析表〕。

步驟五 試著拖曳，將系所拉到〔列區域〕看看產製出的報表有什麼重要資訊呢（圖 2-18）？

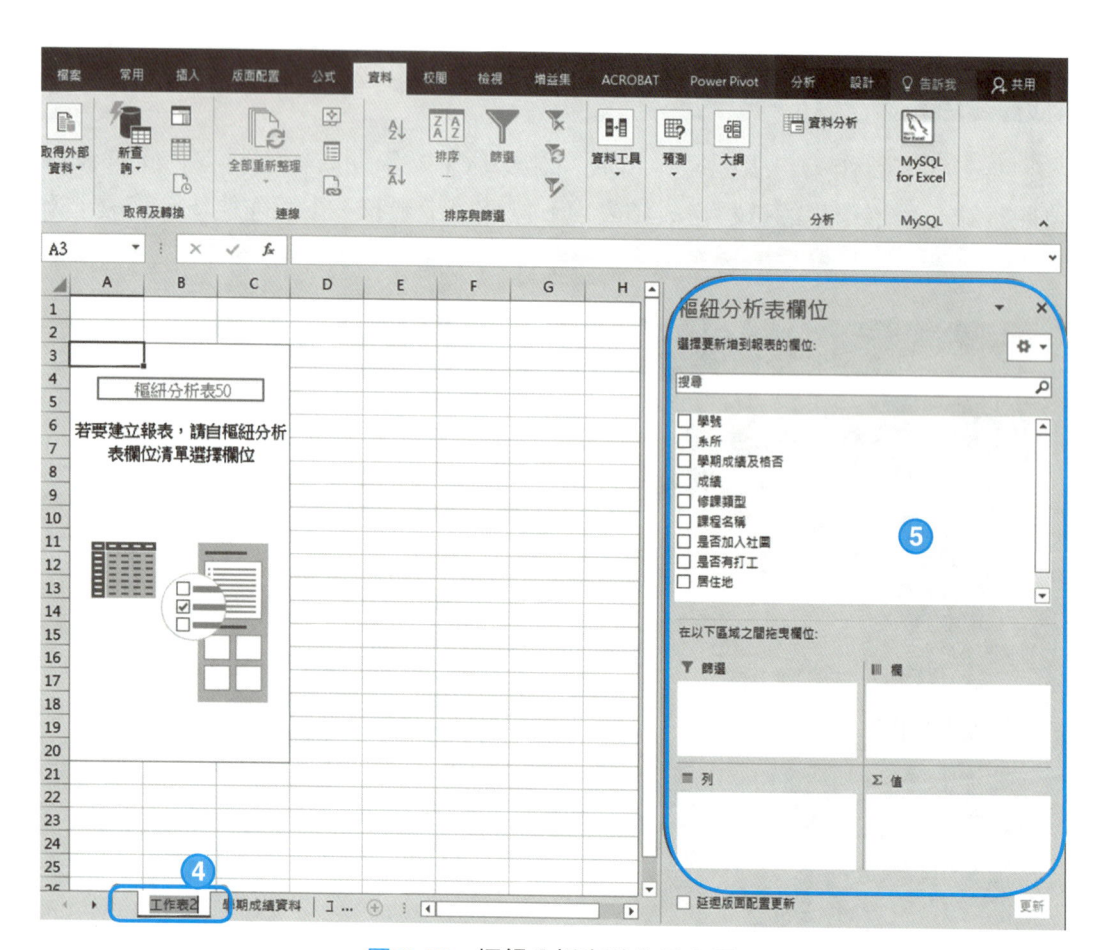

圖 2-18　樞紐分析表試作示意圖

我們將〔系所〕資訊拉到〔列區域〕，則會得到所有系所學制的排列呈現，將這個尚未代入數值的樞紐分析表，予以整體觀察，則可知道誠心大學包含 90 個系所學制，這個對我們在了解這筆資料已有了第一個進展。

> 【資料分析的概念邏輯】
>
> 　　透過樞紐分析表 (圖 2-19)，將系所資訊列表，扣除樞紐分析表上自動產生的空白列〔1~2 列〕，以及列標籤〔第 3 列〕，則可得知總共有多少的系所學制。

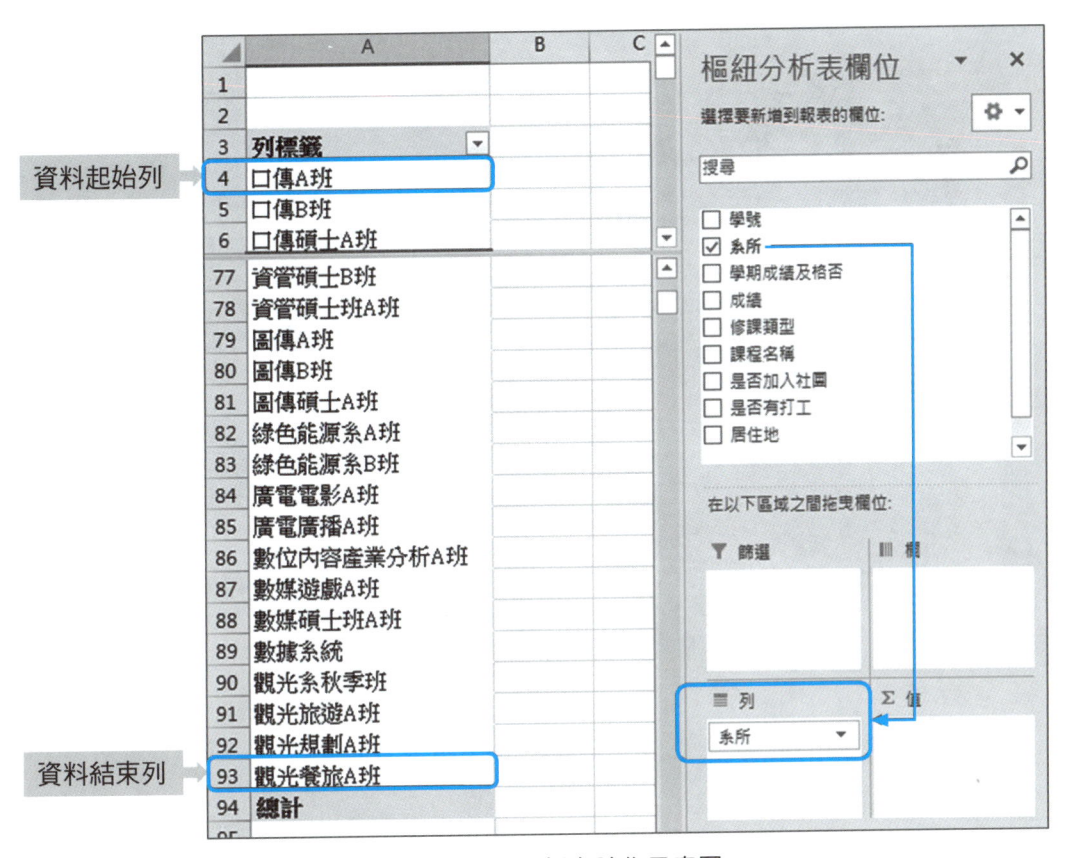

圖 2-19　樞紐分析表試作示意圖

本章作業

1. Excel 在做資料分析時除了排序之外，還有哪兩項重要功能呢？它們個別的功用是什麼呢？

2. 請說明樞紐分析表結構中六大部分的功用為何？

3. 請利用誠心大學的資料〔CH2 學期成績資料.xlxs〕製作一張樞紐分析表，並回答以下問題：

    (1) 探索誠心大學到底有多少學生？

    (2) 探索誠心大學這個學期總共開了多少課程？

4. 在表現各來源地的學生打工情況外 (圖 2-12)，除了用人數呈現之外，有沒有更好的資訊表現方式呢？

第 3 章

用樞紐分析進行資料探索 Ⅱ

台灣的代議制度執行多年，民眾每四年就可透過投票機制選出偏好的候選人，投票參與情況也相當熱絡，每到選舉時期，也帶動許多消費行為及就業機會，算得上是一種全民運動。當每次選舉完成後，中選會會公布各縣市地區的投票概況，我們也可從中得知實際的投票情況。下表則是中選會所公布的 104 年總統選舉票數結果表，包含全台灣 22 個縣市，以及鄉鎮市與村里資訊，計有 1.5 萬筆以上資料，規模相當大 (圖 3-1)。

▶ **思考題** 選舉票數結果表是屬於什麼類型的資料呢？

如果我們想先從一個縣市著手分析，該怎麼進行呢？

第二章曾提到在資料探索時，常使用的 Excel 功能之一，〔篩選〕功能，是可以協助從大規模資料中，挑選出目標資料進行後續分析。當資料太過於複雜的時候，就容易陷入分析的混亂之中，所以進行資料探索時，Excel 內的篩選功能可以

圖 3-1　104 年總統選舉得票細況

Part 1 資料的樞紐分析
輕資料：日常生活的資料分析

挑選出目標群體，觀察資料的分布情況，並做後續的運算與視覺化分析，讓複雜資料的分析易於操作，相當好用的分析功能。

而在樞紐分析表中，同樣也可使用篩選功能。首先，以樞紐分析表協助我們進行分析，進一步，則可利用選單式的功能表，讓篩選功能更能以互動式的視覺化方式呈現。現在就來了解一下。

第 1 節 交叉分析篩選

交叉分析篩選器是在樞紐分析表下的篩選功能 (圖 3-2)，為視窗型的篩選功能，點選觀察目標範圍，則報表會立即呈現出選取範圍內的數值。自動產生的篩選器有 3 項主調整功能區。

(1) 篩選器的名稱：此可依照研究者的需求更名。

(2) 多重篩選功能開放設定：此處為設定是否要允許篩選 1 項以上的目標，譬如：可同時選擇台中、台北、台東，若不開放多重篩選，再次點選按鈕即可。

(3) 重置篩選：將篩選的設定消除，以便重新進行分析。

與樞紐分析表原有的篩選區不同的是，篩選器的介面較簡易，且具備視覺化的互動功能，對於資料分析及即時簡報都是很好的呈現方式，透過點選就可得到對應的資訊。

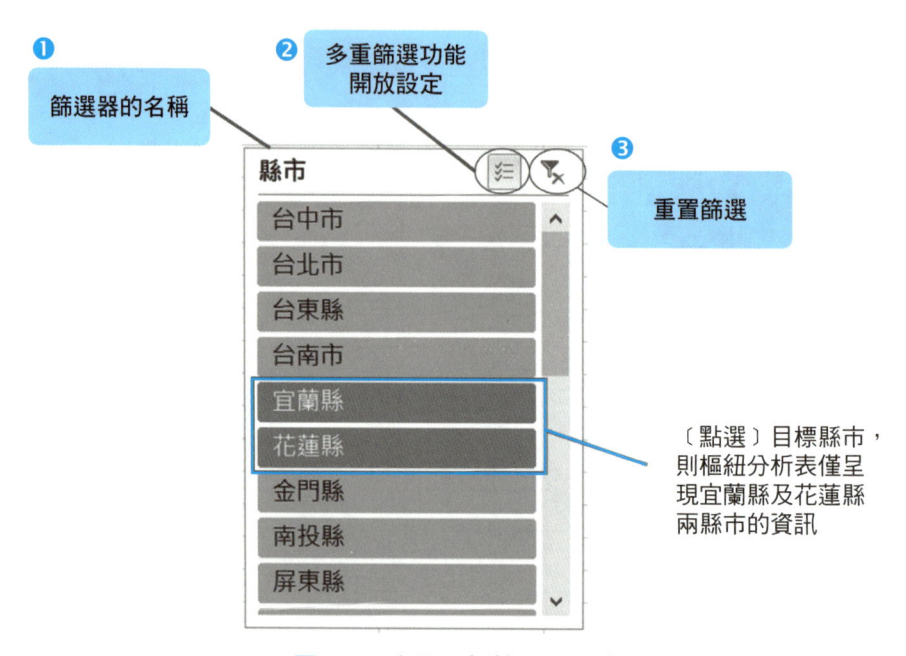

圖 3-2 交叉分析篩選器示意

樞紐分析表中的交叉分析篩選操作

台灣各縣市,在過去社會風氣的發展下,有一定的差異性。應用 104 年總統選舉得票細況資訊,配合樞紐分析表的操作 (圖 3-3),可以觀察到 3 組候選人的票數差異,以及該地區的投票數,在此先對資料做初步的探索。

> 【資料分析的概念邏輯】在〔值區域〕的設定
>
> 1. 呈現出 3 組候選人的得票數:由於資料是顯示每個村里的投票概況,要得知 3 組候選人在各縣市層級的得票數,則需將屬於該縣市的所有村里票數加總,故個別將〔(1)~(3) 候選人得票〕數拉到〔值區域〕,並選擇加總的設定。
> 2. 各縣市投票率:因縣市投票率,可思考為該地區的村里投票率平均,所以平均投票率的部分,在〔選擇您要用來摘要的計算類型〕,選擇平均數。

3 組候選人在各縣市的得票數

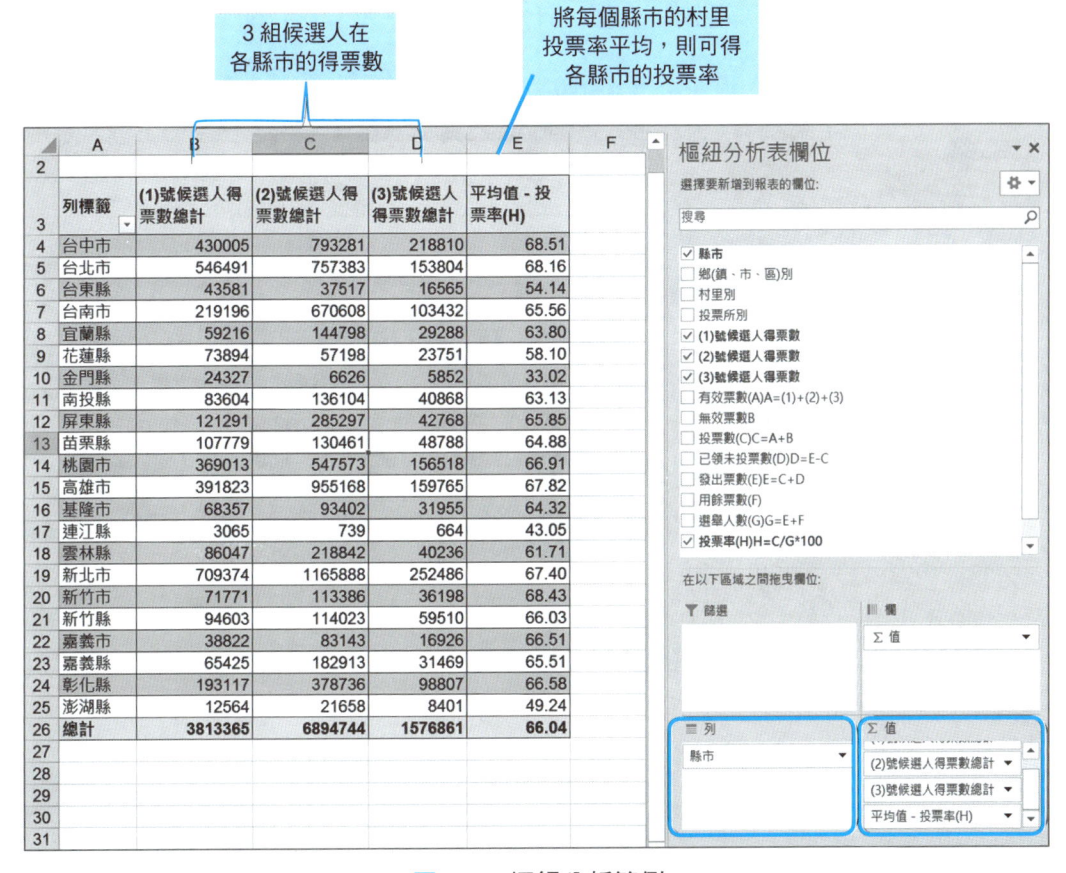

將每個縣市的村里投票率平均,則可得各縣市的投票率

列標籤	(1)號候選人得票數總計	(2)號候選人得票數總計	(3)號候選人得票數總計	平均值 - 投票率(H)
台中市	430005	793281	218810	68.51
台北市	546491	757383	153804	68.16
台東縣	43581	37517	16565	54.14
台南市	219196	670608	103432	65.56
宜蘭縣	59216	144798	29288	63.80
花蓮縣	73894	57198	23751	58.10
金門縣	24327	6626	5852	33.02
南投縣	83604	136104	40868	63.13
屏東縣	121291	285297	42768	65.85
苗栗縣	107779	130461	48788	64.88
桃園市	369013	547573	156518	66.91
高雄市	391823	955168	159765	67.82
基隆市	68357	93402	31955	64.32
連江縣	3065	739	664	43.05
雲林縣	86047	218842	40236	61.71
新北市	709374	1165888	252486	67.40
新竹市	71771	113386	36198	68.43
新竹縣	94603	114023	59510	66.03
嘉義市	38822	83143	16926	66.51
嘉義縣	65425	182913	31469	65.51
彰化縣	193117	378736	98807	66.58
澎湖縣	12564	21658	8401	49.24
總計	3813365	6894744	1576861	66.04

圖 3-3　樞紐分析範例

Part 1 資料的樞紐分析

輕資料：日常生活的資料分析

> **思考題** 用村里的投票率平均所計算出的縣市投票率，與使用縣市的投票數與選舉人數計算的投票率會有差異嗎？譬如說：將嘉義市內的所有村里投票率計算平均數，與利用嘉義市投票數與選舉人數計算出之投票率進行比較。如果兩種平均數有差異的話，又該怎麼解釋它比較好呢？

觀察縣市投票率的差異後，進一步，我們想分析每個縣市地區內鄉鎮市的投票率水準，並可利用交叉分析篩選器的功能來進行比較 (圖 3-4)。按照以下步驟，來製作樞紐分析篩選器。

步驟一 將樞紐分析欄位中，調整為需要的架構，將鄉 (鎮、市、區) 分別置入〔列區域〕，再將 3 組候選人得票數及平均投票率置入〔值區域〕。

步驟二 選擇 Excel 功能列中的〔插入〕功能。

步驟三 選擇〔交叉分析篩選器〕功能。

步驟四 勾選〔交叉分析篩選器〕內要作為篩選欄位的資料，在此選擇〔縣市〕別。

步驟五 試試看點選不同縣市下會呈現什麼結果。

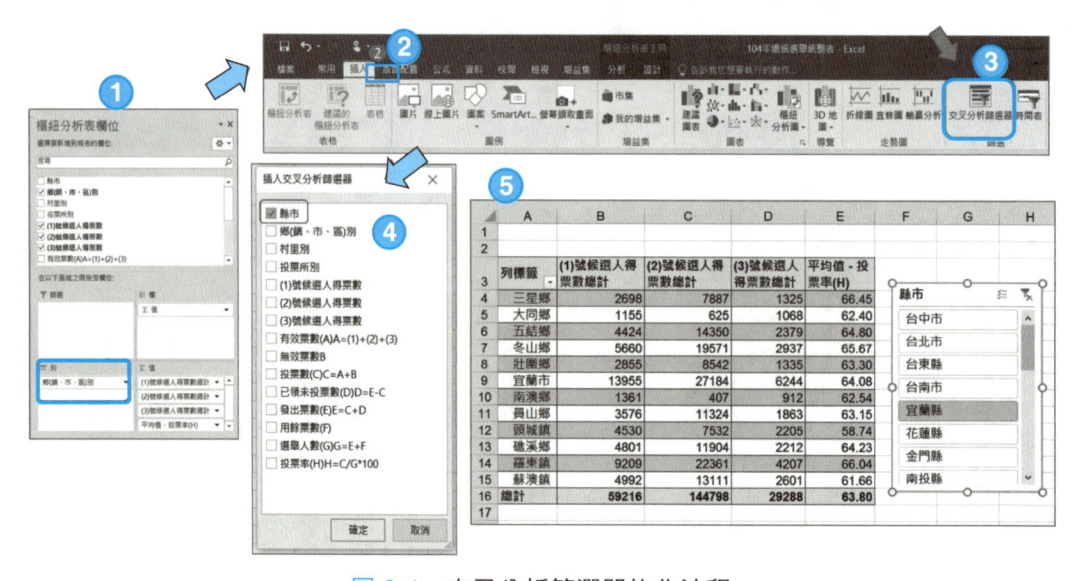

圖 3-4　交叉分析篩選器施作流程

📁 多重交叉分析篩選器操作

我們也可以同時設定多個篩選器，設定多重條件的篩選(圖3-5)，如在〔縣市〕之外，再建立一個〔村里別〕的篩選器。多重的篩選設定，資料的呈現會符合兩項篩選器的設定。

譬如，首先將資料篩選為只呈現宜蘭縣的資料，第二層則排除或選取幾個村里來估票，此處的例子，是將七賢村與二龍村排除在外，來觀察宜蘭縣 3 組總統候選人的得票數與得票比率。在應用上，當某個類別的資料較為重要或是會對整體有特別的影響時，則可進行篩選，再做分析。

第 2 節　樞紐後的群組分析

資料型態會影響分析結果，當資料欄位固定，我們可能會忽視其中的現象，如資料欄位包含縣市、鄉鎮、村里等資訊，若只利用現有的資料分析，則會降低判讀結果的豐富度。以選舉資料來說，縣市資料可分為不同政黨的執政縣市，此對候選人得票數將有關鍵的影響。又或是不同層級的縣市是否可能會有不同的表現？

若要比較直轄市與一般縣市的得票率差異，該怎麼處理呢？

列標籤	(1)號候選人得票數總計	(2)號候選人得票數總計	(3)號候選人得票數總計	平均值 - 投票率(H)
三星鄉	2698	7887	1325	66.45
大同鄉	1155	625	1068	62.40
五結鄉	4424	14350	2379	64.80
冬山鄉	5660	19571	2937	65.67
壯圍鄉	2855	8542	1335	63.30
宜蘭市	13955	27184	6244	64.08
南澳鄉	1361	407	912	62.54
員山鄉	3394	10855	1775	63.25
頭城鎮	4530	7532	2205	58.74
礁溪鄉	4632	11432	2113	64.31
羅東鎮	9209	22361	4207	66.04
蘇澳鎮	4992	13111	2601	61.66
總計	58865	143857	29101	63.82

圖 3-5　多重交叉篩選器設定

Part 1 資料的樞紐分析
輕資料：日常生活的資料分析

依照目前的樞紐表資料型態，我們可利用第一節所介紹的交叉篩選器挑選出目標縣市，步驟一首先把台中市、台北市、台南市、高雄市、新北市、桃園市等六個地區挑選出來，進行後續的分析計算，並將資料存取後；步驟二選擇剩餘的縣市地區，同樣計算存取，才可進行步驟三兩方的比較。但若資料類別已有明顯的分群，如選舉資料可分為直轄市與其他縣市，又或是離島與本島地區、首長的政黨色彩等，則可在樞紐分析下將其類別化處理 (圖 3-6)。

📁 樞紐分析表中的分群整理概念

在製作好的樞紐分析表中，另外再依照縣市層級，將資料分為〔直轄市〕以及〔其他縣市〕的類別，此表所利用的即是目標縣市〔組成群組〕的功能 (圖 3-7)。

優點是，新創造出的〔縣市分類〕欄位會出現在我們右側的樞紐分析表欄位中，讓我們的分析變得更多元。此外，搭配類別的合計資訊，則可清楚比較直轄市與其他縣市的投票率差異約 3.8% (67.47% ~ 63.67%)，直轄市的民眾投票比率是相對較高的。

列標籤	(1)號候選人得票數總計	(2)號候選人得票數總計	(3)號候選人得票數總計	平均值 - 投票率(H)
台中市	430005	793281	218810	68.51
台北市	546491	757383	153804	68.16
台東縣	43581	37517	16565	54.14
台南市	219196	670608	103432	65.56
宜蘭縣	59216	144798	29288	63.80
花蓮縣	73894	57198	23751	58.10
金門縣	24327	6626	5852	33.02
南投縣	83604	136104	40868	63.13
屏東縣	121291	285297	42768	65.85
苗栗縣	107779	130461	48788	64.88
桃園市	369013	547573	156518	66.91
高雄市	391823	955168	159765	67.82
基隆市	68357	93402	31955	64.32
連江縣	3065	739	664	43.05
雲林縣	86047	218842	40236	61.71
新北市	709374	1165888	252486	67.40
新竹市	71771	113386	36198	68.43
新竹縣	94603	114023	59510	66.03
嘉義市	38822	83143	16926	66.51
嘉義縣	65425	182913	31469	65.51
彰化縣	193117	378736	98807	66.58
澎湖縣	12564	21658	8401	49.24
總計	3813365	6894744	1576861	66.04

（直轄市地區）

圖 3-6　樞紐分析表資料的群組規劃

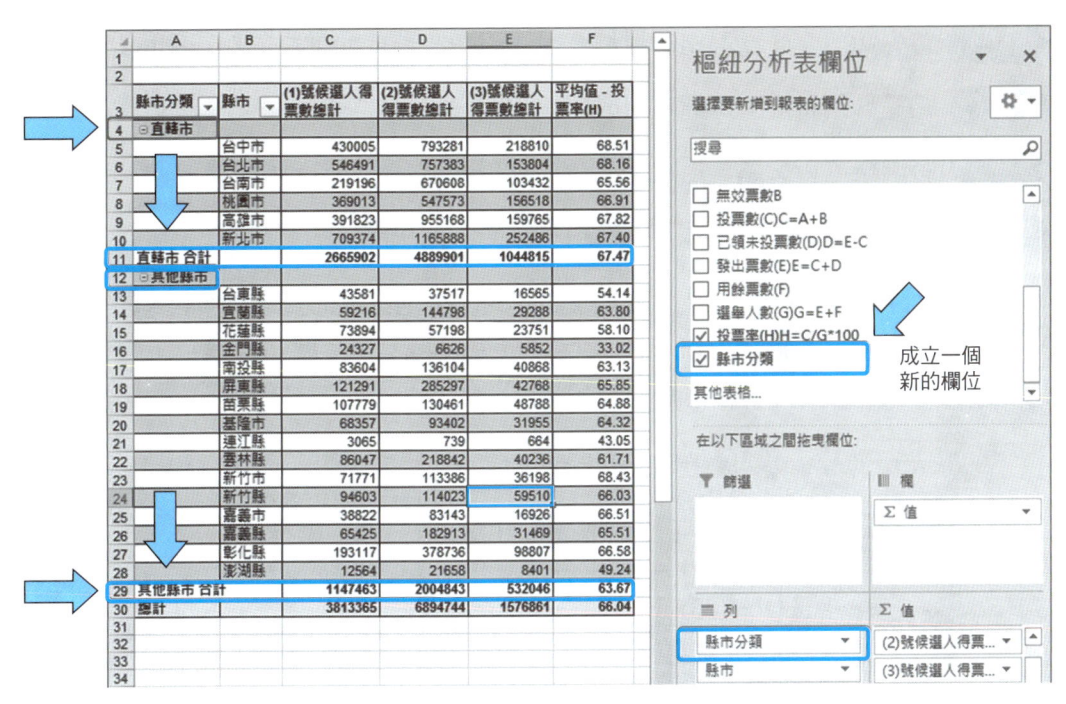

用樞紐分析來做資料探索 II 3

圖 3-7　樞紐分析表群組結果與功能

📁 樞紐分析表中的分群操作

　　現在就來試作樞紐分析表的分群。依照縣市首長背景的不同，可將縣市分為民進黨、國民黨與其他政黨。按照以下步驟，來製作樞紐分析篩選器 (圖 3-8)。

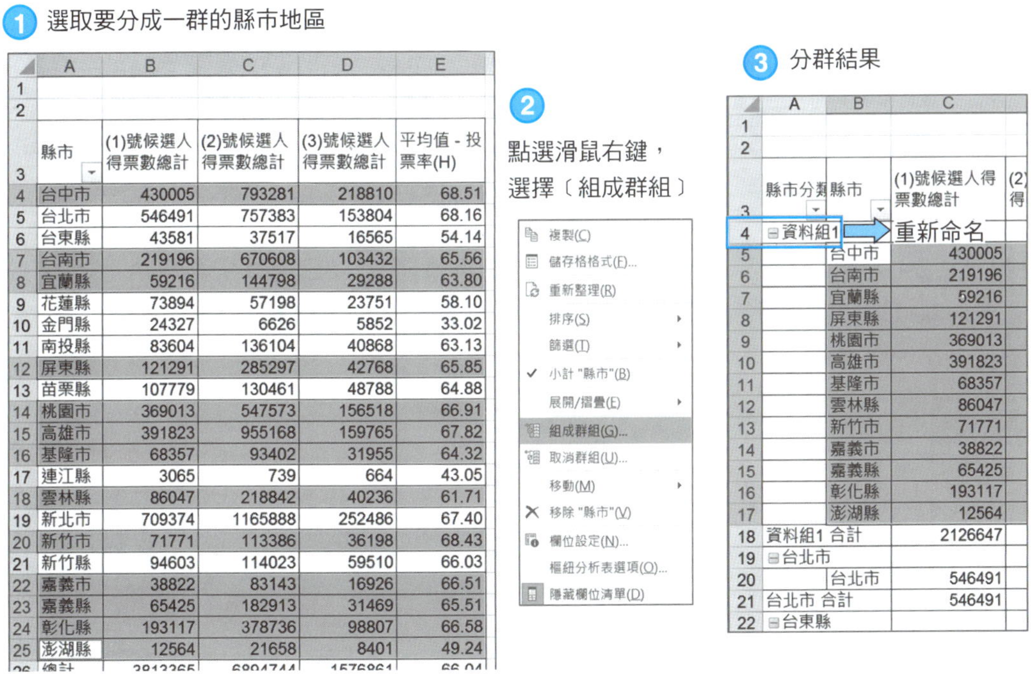

❶ 選取要分成一群的縣市地區

❷ 點選滑鼠右鍵，選擇〔組成群組〕

❸ 分群結果

圖 3-8　樞紐分析表分群操作

45

Part 1　資料的樞紐分析
輕資料：日常生活的資料分析

步驟一 首先選擇要分為群組的目標資料，這邊將屬於民進黨的縣市選取起來。

步驟二 點選滑鼠右鍵，選擇〔組成群組〕。

步驟三 將群組重新命名，這邊將其命名為民進黨。

步驟四 重複步驟，依序處理其他群組，譬如：國民黨、無黨籍等。

經過分群處理，我們可以直接比較不同的縣市地區，3 組總統候選人的得票情況，以及投票率。由樞紐分析表的結果可以去觀察，執政縣市與候選人得票數的情況是否有一致，以及各縣市投票率的情況 (圖 3-9)。

執政政黨	縣市	(1)號候選人得票數總計	(2)號候選人得票數總計	(3)號候選人得票數總計	平均值 - 投票率(H)
⊟民進黨					
	台中市	430005	793281	218810	68.51
	台南市	219196	670608	103432	65.56
	宜蘭縣	59216	144798	29288	63.80
	屏東縣	121291	285297	42768	65.85
	桃園市	369013	547573	156518	66.91
	高雄市	391823	955168	159765	67.82
	基隆市	68357	93402	31955	64.32
	雲林縣	86047	218842	40236	61.71
	新竹市	71771	113386	36198	68.43
	嘉義市	38822	83143	16926	66.51
	嘉義縣	65425	182913	31469	65.51
	彰化縣	193167	378736	98807	66.58
	澎湖縣	12564	21658	8401	49.24
民進黨 合計		2126647	4488805	974573	66.32
⊟無黨籍					
	台北市	546491	757383	153804	68.16
	花蓮縣	73894	57198	23751	58.10
	金門縣	24327	6626	5852	33.02
無黨籍 合計		644712	821207	183407	65.34
⊟國民黨					
	台東縣	43581	37517	16565	54.14
	南投縣	83604	136104	40868	63.13
	苗栗縣	107779	130461	48788	64.88
	連江縣	3065	790	664	43.05
	新北市	709374	1165888	252486	67.40
	新竹縣	94503	114023	59510	66.03
國民黨 合計		1042006	1584732	418881	65.69
總計		3813365	6894744	1576861	66.04

圖 3-9　104 年總統選舉各執政縣市得票表現

思考題 每到選舉時，各地區的政治人物都會幫忙自己的政黨候選人催票，若縣市的執政黨 (縣市首長屬於某個政黨) 與政黨候選人得票數不一致時，代表什麼意義呢？

第 3 節　樞紐分析表的計算

樞紐分析表透過交叉表格的設計協助我們摸清現有資料的長相，進一步，我們也可利用樞紐分析表資訊來加以運算，設計出新的資訊欄位，來強化分析的範圍。舉例來說：在 104 年總統選舉資料內所呈現的是得票數的資料，雖透過樞紐分析表整理成各縣市的整體性資訊 (圖 3-10)，可以得知每個縣市中哪一組候選人得到較高的票數，譬如：台中市是由 2 號候選人拔得頭籌，但是要進一步分析，每一組候選人在這個縣市的得票率，以及縣市間的得票比較，則在現有資料中無法得知。

思考題　為什麼無法用現有資訊比較候選人在不同縣市間的得票表現呢？如果使用得票數來判斷該組候選人在各縣市的表現，譬如：(1) 號候選人得票數在台北市與宜蘭縣的差異，會產生什麼問題？

在製作好的樞紐分析表後，要在其中運算以獲得有用的資訊，則可利用設定計算欄位以及值區域的顯示方式調整，都可將原有資料加值運算。

📁 設定計算欄位（新增變數法）

要比較不同地區中，各組候選人的得票比例，則需要依據每個縣市，去計算各組候選人的得票率，每個縣市的有效票數都是由 3 組候選人組成，所以透過與地區的有效票數比例計算則可進行後續的分析比較 (圖 3-11)。

圖 3-10　原始資料與樞紐分析表的資訊呈現

Part 1 資料的樞紐分析
輕資料：日常生活的資料分析

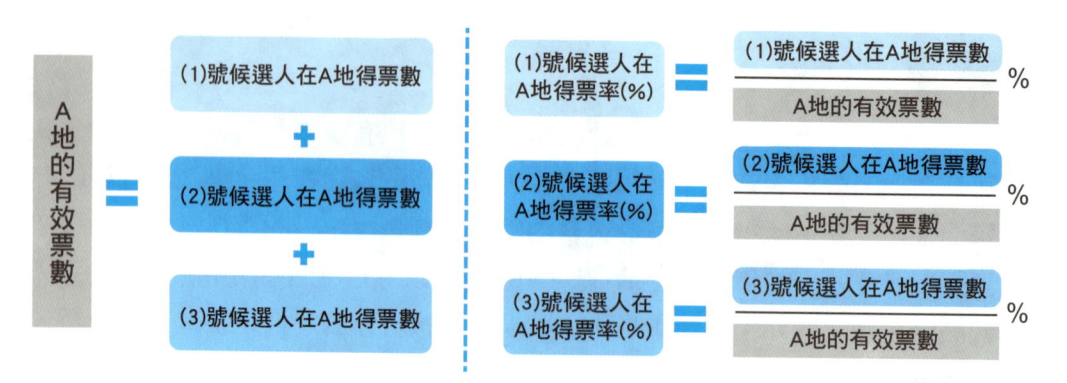

圖 3-11　各候選人得票數與得票率的分析概念邏輯

透過設定計算欄位以及上述的分析邏輯，則可計算出每個候選人在各縣市中的得票比率，在加入顯示色標記 (將每個縣市中得最高票的組合以顯示色標記)，則可觀察到每個縣市是由哪組候選人拔得頭籌，大部分的縣市都是由 (2) 號候選人取得最高票，(1) 號候選人則在台東縣、花蓮縣、金門縣及連江縣取得較高票。我們利用樞紐分析表的結果，再以視覺化的樞紐分析圖則可比較每個縣市中，3 組候選人的得票率消長 (圖 3-12)。

要計算每組候選人得票數占當地的比例，及建立上述的樞紐分析表，按照以下步驟操作設定計算欄位。

樞紐分析表

縣市	(1)號得票率	(2)號得票率	(3)號得票率	加總 - 總計
台中市	29.82	55.01	15.17	100.00
台北市	37.49	51.96	10.55	100.00
台東縣	44.62	38.41	16.96	100.00
台南市	22.07	67.52	10.41	100.00
宜蘭縣	25.38	62.06	12.55	100.00
花蓮縣	47.72	36.94	15.34	100.00
金門縣	66.10	18.00	15.90	100.00
南投縣	32.08	52.23	15.68	100.00
屏東縣	26.99	63.49	9.52	100.00
苗栗縣	37.55	45.45	17.00	100.00
桃園市	34.39	51.03	14.59	100.00
高雄市	26.00	63.39	10.60	100.00
基隆市	35.29	48.22	16.50	100.00
連江縣	68.60	16.54	14.86	100.00
雲林縣	24.93	63.41	11.66	100.00
新北市	33.34	54.79	11.87	100.00
新竹市	32.42	51.22	16.35	100.00
新竹縣	35.28	42.52	22.19	100.00
嘉義市	27.95	59.86	12.19	100.00
嘉義縣	23.38	65.37	11.25	100.00
彰化縣	28.80	56.47	14.73	100.00
澎湖縣	29.48	50.81	19.71	100.00
總計	31.04	56.12	12.84	100.00

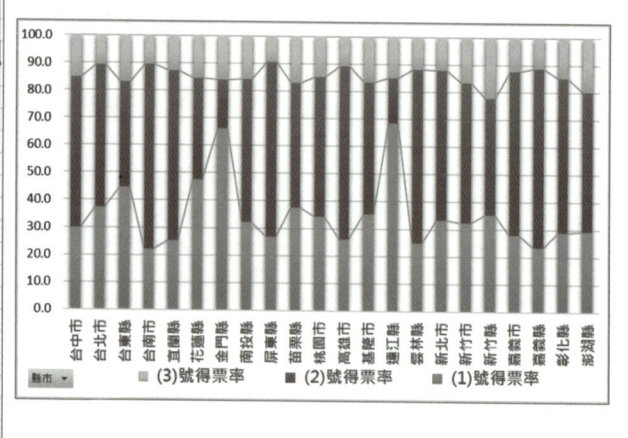

圖 3-12　新增得票率資訊的樞紐分析圖表

用樞紐分析來做資料探索 II　3

步驟一　建立一張樞紐分析表，可以用我們要設計的列欄位為基礎，這邊是將縣市分類拉到〔列區域〕。

步驟二　點選 Excel 功能表中的〔分析〕。

步驟三　在分析功能區域中，點選〔欄位、項目和集〕下的〔計算欄位〕，後則出現插入計算欄位窗格。

步驟四　建立要計算之 變數名稱，如 (1) 號候選人得票率，並點選右側〔新增〕按鈕，確實建立此變數。

步驟五　建立計算的公式。候選人在 A 地的得票率為其得票率占當地有效票數的比例，而為以百分比計，故公式為〔(1) 號候選人得票數／有效票數×100〕，以下方欄位點選鍵入即可。

步驟六　重複以上步驟，建立 3 組候選人的得票率樞紐表。

【繪製樞紐分析圖】若要繪製樞紐分析圖，則點選 Excel 功能表中的〔分析〕，在功能區域中，點選〔樞紐分析圖〕，選擇適當之圖形呈現資料 (圖 3-13)。

思考題　比較每組候選人在縣市中的得票率，是否算是好的選情績效指標呢？如 (1) 號候選人拿下了金門、連江、花蓮、台東，且連江縣得到 68.6% 支持率，是各縣市或其他候選人未能及的，但若就人口數來看，連江縣相對較少，對於選情的幫助不同於其他縣市，若僅看得票率也可能造成偏誤，若能將得票數及得票率一起觀察，則可降低單一視角解讀的偏誤。

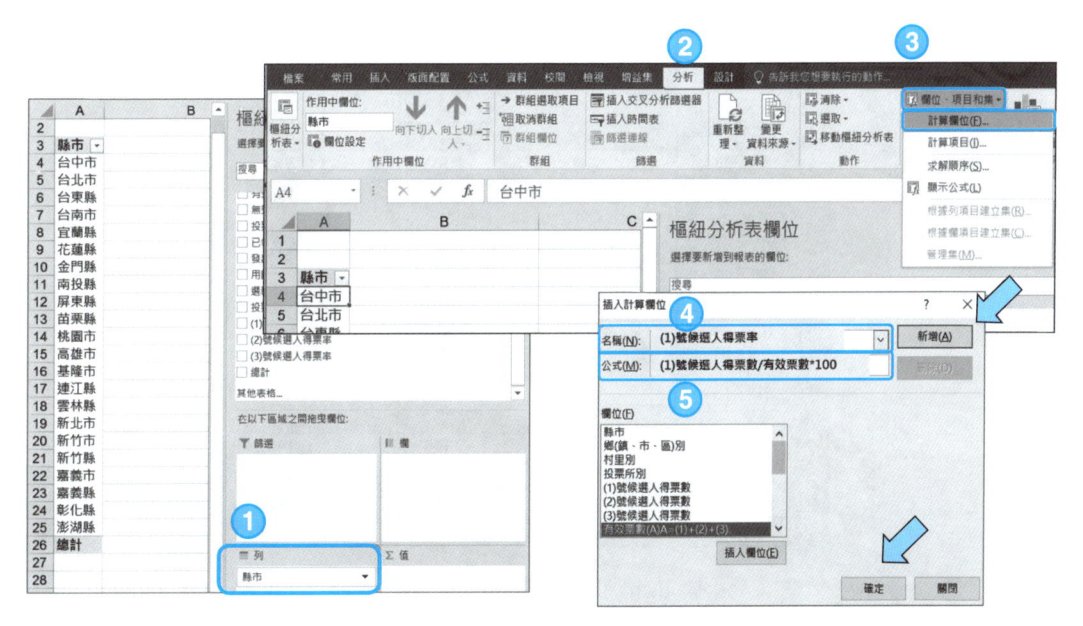

圖 3-13　新增得票率資訊的樞紐分析製作流程

值區域的顯示設計（在現有資訊下計算）

在樞紐分析表中，也有提供基礎的資訊計算，例如，將候選人的縣市得票數統計，以百分比呈現 (圖 3-14)，則可觀察每組候選人自身在各縣市的表現。以 (2) 號候選人來說，在各縣市中，新北市 (16.91%)、高雄市 (13.85%) 與台中市 (11.51%) 是占他們總票數最多的縣市。這代表了這三個縣市的票數貢獻度占了 42.27% 的票源，對候選人來說是相當重要的縣市。

要個別計算每組候選人得票數在所有縣市中的比例，則可按照以下步驟操作設定計算欄位。

步驟一 在樞紐分析表內的任一欄位中，點選滑鼠右鍵，選擇〔值的顯示方式〕。

步驟二 選擇〔欄總和百分比〕。

步驟三 重複以上步驟，建立 3 組候選人的得票率樞紐表。

思考題 以縣市為基礎呈現的 3 組候選人得票百分比 (圖 3-12)，以及以候選人為基礎的，在各縣市的得票百分比資訊 (圖 3-14)，兩者的差異是？它們分別可以告訴我們什麼訊息呢？

列標籤	(1)號候選人得票數總計	(2)號候選人得票數總計	(3)號候選人得票數總計
台中市	11.28%	11.51%	13.88%
台北市	14.33%	10.98%	9.75%
台東縣	1.14%	0.54%	1.05%
台南市	5.75%	9.73%	6.56%
宜蘭縣	1.55%	2.10%	1.86%
花蓮縣	1.94%	0.83%	1.51%
金門縣	0.64%	0.10%	0.37%
南投縣	2.19%	1.97%	2.59%
屏東縣	3.18%	4.14%	2.71%
苗栗縣	2.83%	1.89%	3.09%
桃園市	9.68%	7.94%	9.93%
高雄市	10.27%	13.85%	10.13%
基隆市	1.79%	1.35%	2.03%
連江縣	0.08%	0.01%	0.04%
雲林縣	2.26%	3.17%	2.55%
新北市	18.60%	16.91%	16.01%
新竹市	1.88%	1.64%	2.30%
新竹縣	2.48%	1.65%	3.77%
嘉義市	1.02%	1.21%	1.07%
嘉義縣	1.72%	2.65%	2.00%
彰化縣	5.06%	5.49%	6.27%
澎湖縣	0.33%	0.31%	0.53%
總計	100.00%	100.00%	100.00%

圖 3-14 得票數縣市百分比

用樞紐分析來做資料探索Ⅱ 3

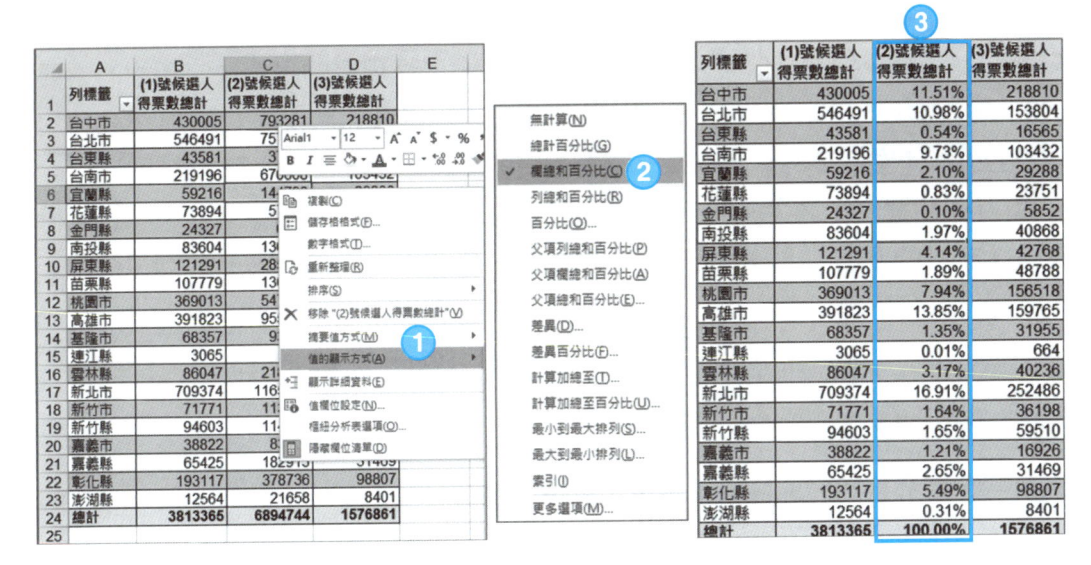

圖 3-15　值的顯示方式操作

我們從〔值的顯示方式〕選擇項目中，可發現 Excel 內建了許多功能，可在現有的樞紐分析表中進階計算出其他資訊。表 3-1 列出幾項重要的運算功能，以及可套用的分析概念，現在就來試看看每個功能吧！

第 4 節　Excel 試作

台灣自從民主化以來，歷經多次的總統選舉，過去政黨的票源鞏固得相當堅強，縣市首長是什麼顏色，通常也可預估出該政黨的總統候選人可以得到較高的

表 3-1　值的顯示方式功能介紹

功能選項	分析概念
總計百分比	當資料為矩陣型資料，總計百分比會將每個儲存格占總數的百分比計算出
欄總和百分比	顯示同一欄位中，每個儲存格占欄總計 (如範例中的 B24、C24 或 D24 格) 的百分比
列總和百分比	顯示同一列中，各儲存格占列總計的百分比
〔父項〕列、欄、總和百分比	當資料為多層次顯示時，如將縣市類型、縣市兩資料同放置於〔列區域〕或〔欄區域〕，則會存在從屬關係 (縣市在縣市類型的分類之下)，選擇〔父項〕的計算功能，則可顯示下層占上層中的百分比資訊
差異、差異百分比	選擇比較標的，如宜蘭縣，則會計算其他縣市的得票與宜蘭縣的差異數值或百分比
計算加總至	顯示以欄或列為基準的儲存格值，累積加總的計算資訊

Part 1　資料的樞紐分析
輕資料：日常生活的資料分析

票數，但在網路新時代，民眾的生活型態與思考都有了轉變，傳統的選舉操作，譬如造勢場合、打電話催票、樁腳固票不見得會影響現在的民眾決定手中的票要投給誰，每次選舉結果的分析，也都能看出社會變遷的狀況。我們現在就利用〔CH3. 104年總統選舉統整表〕，來探索更多104年總統大選的選情資訊吧！

(2)號候選人在這次選舉中贏得了選戰，我們透過縣市的得票數比較，也可得知在大部分的縣市中，多是(2)號拔得頭籌，為了了解(2)號相較其他兩組候選人的得票狀況到底勝算率有多少，我們則可進行以下的計算操作(圖3-16)。

步驟一 建立一張樞紐分析表，在此將縣市資料拉到〔列區域〕。

步驟二 點選 Excel 功能表中的〔分析〕。

步驟三 在分析功能區域中，點選〔欄位、項目和集〕下的〔計算欄位〕，後則出現插入計算欄位窗格。

步驟四 在插入計算窗格中，輸入建立新變數資訊，並分別就(2)號對(1)號，以及(2)號對(3)號候選人計算得票數比(圖3-17)。

經由上述的操作，可計算出勝選組(2)號候選人相較其他兩組，在各地區的得票數比(表3-2)。可以發現，從(1)號候選人的倍數比可觀察到，台南市(3.06倍)、雲林縣(2.54倍)、嘉義縣(2.80倍)三縣市，是(2)號候選人有絕對贏面的前三名縣市。

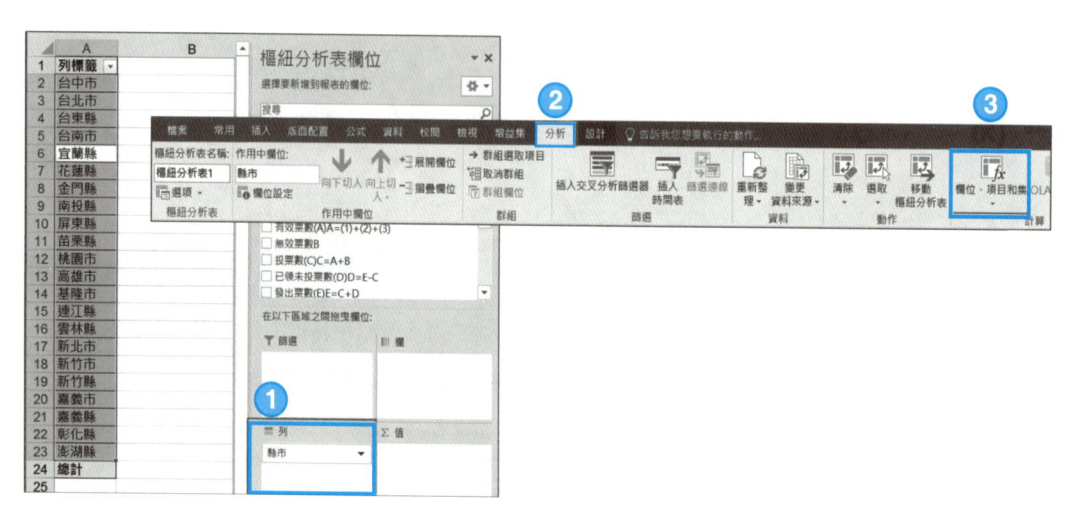

圖3-16　得票數計算比操作流程

用樞紐分析來做資料探索 II 3

❹ (2)號候選人是(1)號候選人得票數的幾倍　　　(2)號候選人是(3)號候選人得票數的幾倍

插入計算欄位

名稱(N)：(2)/(1)倍數比
公式(M)：= '(2)號候選人得票數' / '(1)號候選人得票數'

欄位(F)：
縣市
鄉(鎮、市、區)別
村里別
投票所別
(1)號候選人得票數
(2)號候選人得票數
(3)號候選人得票數
有效票數(A)A=(1)+(2)+(3)

插入計算欄位

名稱(N)：(2)/(3)倍數比
公式(M)：= '(2)號候選人得票數' / '(3)號候選人得票數'

欄位(F)：
縣市
鄉(鎮、市、區)別
村里別
投票所別
(1)號候選人得票數
(2)號候選人得票數
(3)號候選人得票數
有效票數(A)A=(1)+(2)+(3)

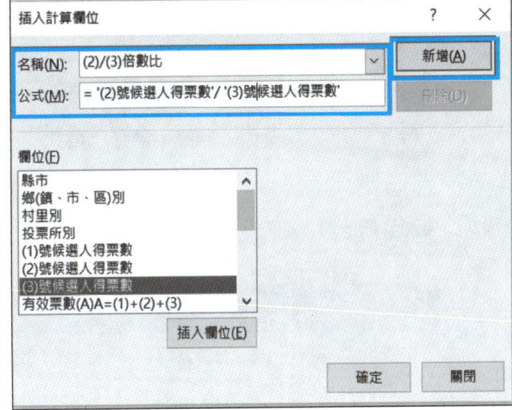

圖 3-17　得票數計算比操作流程

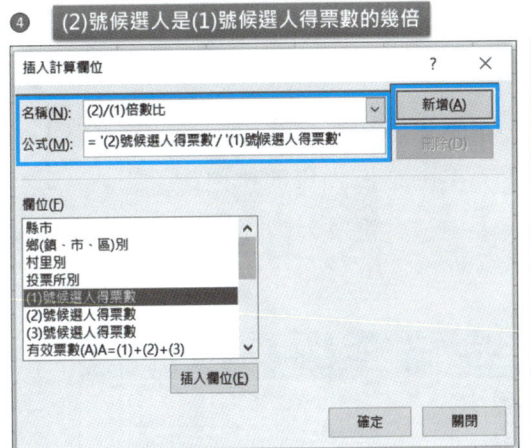

思考題　哪個縣市 (1) 號跟 (3) 號候選人的票數差異比率較低呢？

表 3-2　得票數比分析

	A	B	C
1	列標籤	(2)/(1)倍數比	(2)/(3)倍數比
2	台中市	1.84	3.63
3	台北市	1.39	4.92
4	台東縣	0.86	2.26
5	台南市	3.06	6.48
6	宜蘭縣	2.45	4.94
7	花蓮縣	0.77	2.41
8	金門縣	0.27	1.13
9	南投縣	1.63	3.33
10	屏東縣	2.35	6.67
11	苗栗縣	1.21	2.67
12	桃園市	1.48	3.50
13	高雄市	2.44	5.98
14	基隆市	1.37	2.92
15	連江縣	0.24	1.11
16	雲林縣	2.54	5.44
17	新北市	1.64	4.62
18	新竹市	1.58	3.13
19	新竹縣	1.21	1.92
20	嘉義市	2.14	4.91
21	嘉義縣	2.80	5.81
22	彰化縣	1.96	3.83
23	澎湖縣	1.72	2.58
24	**總計**	**1.81**	**4.37**

本章作業

1. 下表為民國 104 年總統選舉時官方公布之人口數與選舉人數資訊，選舉人數為當地具有投票權(含在國外地區人民申請返國行使選舉權之人數)，人口數則為有戶籍登記之人數，請問人口數與選舉人數間的差異數，可告訴我們什麼資訊呢？

行政區別	人口數	選舉人數	選舉人數占人口數百分比
總　計	23,483,793	18,782,991	79.98%
台北市	2,702,809	2,175,986	80.51%
新北市	3,969,855	3,204,367	80.72%
桃園市	2,102,513	1,627,598	77.41%
台中市	2,742,503	2,138,519	77.98%
台南市	1,885,390	1,528,246	81.06%
高雄市	2,778,512	2,254,324	81.13%
新竹縣	541,527	412,731	76.22%
苗栗縣	564,111	448,520	79.51%
彰化縣	1,288,696	1,022,962	79.38%
南投縣	509,738	415,122	81.44%
雲林縣	699,793	566,207	80.91%
嘉義縣	520,119	430,885	82.84%
屏東縣	841,669	689,170	81.88%
宜蘭縣	458,070	369,211	80.60%
花蓮縣	332,033	267,862	80.67%
台東縣	222,645	179,547	80.64%
澎湖縣	102,317	84,222	82.31%
基隆市	372,226	306,548	82.36%
新竹市	433,774	328,580	75.75%
嘉義市	270,415	210,758	77.94%
金門縣	132,532	111,386	84.04%
連江縣	12,546	10,240	81.62%

2. 台北市的天玉里被稱作小台北,它的選舉得票情況在過去幾次選舉中被發現可反映整個台北市的狀況,所以每到選舉時期,天玉里的開票結果總是被各家媒體所關注,希望透過它的開票結果先來預測哪組候選人會當選。請利用 104 年總統選舉結果資訊〔CH3 104 年總統選舉統整表 .xlxs〕,使用交叉分析篩選器功能完成以下表格內容,並判斷這次天玉里的結果是否也可用來預測整個台北市的選舉結果呢?

地區	號候選人得票數	號候選人得票數	號候選人得票數	有效票數
台北市天玉里				
台北市	546,491			1,457,678

3. 投票率的高低,可判斷當地民眾對於這次選舉的熱衷程度,投票率的概念為〔投票數／選舉人數〕的比例,選舉人數為當地具有投票權的人數。請建立鄉鎮市得票率的樞紐分析表,並利用排序功能,完成以下投票率最低的 10 個鄉鎮市區表格,並觀察這些地區,說明您認為可能造成其投票率較低的原因。

序列	縣市	鄉鎮市區	投票率 (H)
1	金門縣	烏坵鄉	16.37
2			
3			
4	澎湖縣	七美鄉	30.91
5			
6			
7			
8			
9			
10	台東縣	綠島鄉	36.01

小提醒 投票率資訊是以平均值呈現。

4. 在 104 年的總統選舉中，大眾相當關注 (1) 號候選人及 (2) 號候選人的得票數差異，想從中窺知兩者的差異性，而 (3) 號候選人的選情也被認為影響 (1) 號候選人的得票數。請利用樞紐分析表的計算功能，完成以下的樞紐分析表格內容，計算出兩者的票數差異，並判斷 (1) 號與其他兩組候選人差異數較高的縣市為何。

縣市	(1) 號候選人與 (2) 號候選人得票數差異【(1) − (2)】	(1) 號候選人與 (3) 號候選人得票數差異【(1) − (3)】
台中市	−363,276	
台北市		392,687
台東縣		
台南市		
宜蘭縣		
花蓮縣		
金門縣		
南投縣	−52,500	42,736
屏東縣		78,523
苗栗縣		
桃園市		
高雄市		
基隆市		
連江縣		
雲林縣		
新北市		
新竹市		
新竹縣		
嘉義市		
嘉義縣		33,956
彰化縣		
澎湖縣	−9,094	4,163
總　計	−3,081,379	

第4章

資料基本分析

　　亞洲地區與歐美國家的人口，在身高與體重上有很大的差異。歐美國家的平均身高普遍較高，但因為基因、飲食問題，體重也常常較亞洲人重許多。在描述人口的身高、體重水準時，多會採用平均數來計算，但每個國家的人口眾多，要完全掌握所有人的資訊是困難的，一般來說都是以抽樣測量為主。若每個國家抽樣1,500位相同年齡的青年人，將每個人的身高體重都實際測量並記錄下來，下一步，該用什麼分析比較適當呢？

該怎麼形容這群人的身高體比較適當呢？

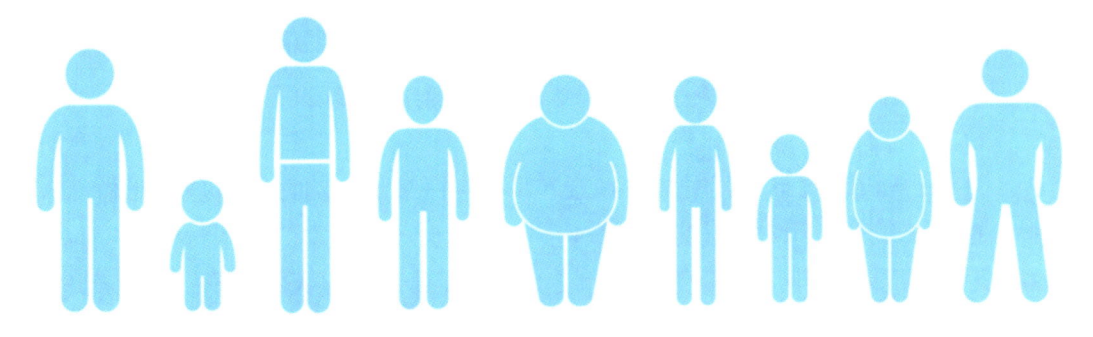

　　本章將介紹平均數與中位數的概念，平均數是表現一組資訊內的數值，而中位數則是資訊的中間點，兩者所代表的意涵不同，搭配的差異性衡量也不同，平均數要搭配標準差來看，而中位數與四分位數則為一組。

第 1 節 平均數和標準差

📁 平均數

平均數 (Mean) 在資料分析上的應用相當普遍，日常生活中我們也常常使用平均數做預測的判斷基準。譬如：阿美每天到速食店買午餐，以過去消費經驗，她知道在 11 點半到店裡，最多只要等 15 分鐘就可以買到午餐，這個就是平均數，也作為期望值的概念。透過長期的等候時間經驗數據累積，阿美將它做了平均數的計算得到了 15 分鐘的結果推論。以下的幾則新聞，都是使用平均數的概念去呈現：

> **以平均數來描述資訊的相關新聞**
>
> 1. 台灣平均年薪 54.7 萬 (風傳媒，2017/08)
> 2. 以房養老件數破千，平均貸款 500 萬 (中央社，2016/11)
> 3. 郵局存款 5 年平均每戶多 2.5 萬 (聯合新聞網，2016/11)
> 4. 台北市民晚生，第 1 胎平均逾 32 歲 (HiNet 新聞社群，2016/11)
> 5. 加拿大安省急診室平均等 3 小時時間縮短 (NTDTV，2016/11)
> 6. 青年失業率高，新鮮人待業平均 2.6 個月 (自由時報電子報，2016/10)

上面這些新聞資訊，有用問卷調查 (如平均待業)，也有透過實際資訊 (如：郵局存款) 去衡量，其中獲得的平均數資訊，可用於不同觀察值的相對比較，譬如：今年夏天均溫為 60 年以來最高，是比較「60 年」中每年夏天的平均高溫。平均數的計算方式如下：

$$平均數 = 觀察值加總 / 觀察值個數$$

以單一年度夏天的平均溫度來說明，請參考表 4-1，依照 6 至 10 月的平均氣溫，2015 年夏天的平均溫度為攝氏 28.24 度。

表 4-1　2015 年各月份平均氣溫（℃）

月份	6 月	7 月	8 月	9 月	10 月
平均溫度	30.0	30.0	28.6	27.4	25.2

資訊來源：中央氣象局。

$$28.24 \text{ 度} = \frac{30.0 \text{ 度} + 30.0 \text{ 度} + 28.6 \text{ 度} + 27.4 \text{ 度} + 25.2 \text{ 度}}{5（個月）}$$

標準差 (Standard deviation)

設想另外一個情境，近年全球溫度變化相當劇烈，我們現在有兩個年度的夏天各月份的溫度資訊，2025 年的夏天平均溫度與 2015 年是相同的，如果只看平均溫度，則會出現「兩個年度的夏天溫度沒有變化！」的結論。但在溫度的變化趨勢，兩個年度中每個月份卻差異甚大，若單純用平均數來作比較是無法呈現出兩年溫度資訊的差異 (表 4-2)。

表 4-2　兩個年度各月份平均氣溫

月份	6月	7月	8月	9月	10月	夏天均溫
2015 年平均溫度	30.0	30.0	28.6	27.4	25.2	28.24
2025 年平均溫度	34.0	38.4	29.5	22.0	17.3	28.24

全距 (Range)，可以協助我們初步觀察到資料的離散情況，它的概念是將資料分布中最大值減去最小值。比較兩個年度的全距值，2025 年的高低溫差異高出 2015 年許多，顯示氣溫變化的強度。

$$全距 = 最大值 - 最小值$$

- 2015 年夏季氣溫全距 = 30.0 − 25.2 = 4.8
- 2025 年夏季氣溫全距 = 34.0 − 17.3 = 16.7

全距是以高低值兩個觀察點來看資料，較為籠統。要進一步納入每個月份的氣溫差異狀況，這個時候我們就必須用標準差資訊來輔助呈現。

標準差 (S) 是利用平均數資訊，去衡量此樣本內每筆觀察值與平均數的相對距離加總運算，藉以了解我們這批資料內的離散程度。衡量的方式為以下公式，i 則是我們的每個觀察值，分別找出每個觀察值與平均數的距離後加總，再除上觀察值數 (減去 1)。其中 n 代表觀察值的個數。

$$標準差\ S = \sqrt{\frac{\sum_{i=1}^{n}(觀察值 - 平均數)^2}{觀察值個數\,(n) - 1}}$$

【提醒】Σ 代表加總的運算

> 變異數 (Variance) 同樣是用來衡量資訊差異程度的測量數，與標準差只是平方根的的差異。透過平方根，標準差將單位變成與原資料的單位一致。
>
> $$變異數\ S^2 = \frac{\sum_{i=1}^{n}(觀察值 - 平均數)^2}{觀察值個數\,(n) - 1}$$

Part 1　資料的樞紐分析
輕統計：日常生活的資料分析

　　以上面這兩個年度的平均溫度來說明，兩個年度的平均溫度都是 28.4 度，但每個觀察值 (每個月份) 都與我們的 28.24 度有不同的距離差異，我們則可計算出兩個年度的夏天氣溫變異數 (圖 4-1)。

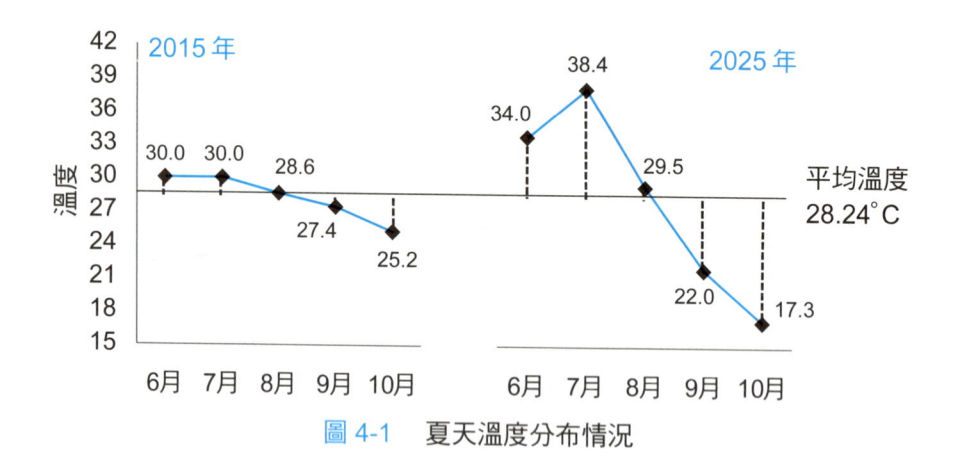

圖 4-1　夏天溫度分布情況

S_{2015}

$$= \sqrt{\frac{(30.0 - 28.24)^2 + (30.0 - 28.24)^2 + (28.6 - 28.24)^2 + (27.4 - 28.24)^2 + (25.2 - 28.24)^2}{5 - 1}}$$

$= 2.02$

S_{2025}

$$= \sqrt{\frac{(34.0 - 28.24)^2 + (38.4 - 28.24)^2 + (29.5 - 28.24)^2 + (22.0 - 28.24)^2 + (17.3 - 28.24)^2}{5 - 1}}$$

$= 8.61$

當標準差越大，代表樣本內的資訊差異性越大

　　兩相比較之下，我們可知道 2025 年的夏天溫度的離散程度明顯高出許多，我們也可得到 2025 年的氣溫遽變程度是相對較高的結論。資訊離散程度的高低，也會影響我們進行預測。當資料離散程度越大，則我們要用平均值來判斷資訊實際狀況的不準確率也可能提高，譬如：要預測 2025 年的夏天溫度，平均溫度的參考度就相對較低。

思考題　平均數與標準差，因為考慮了樣本內所有的資料，當我的資料差異性很大，甚至有離群值時，可能會造成什麼分析上的影響呢？

第2節 如何使用中位數和四分位距(IQR)的分析資料？

FB 的 CEO 佐克伯 (Mark Elliot Zuckerberg) 出生於 1984 年，目前 30 歲出頭，在台灣應該算是年輕人。我們不知道他的收入到底有多高，但是，如果他移民台灣，那年輕人的平均薪資就不會再倒退了，說不定會高破月薪數十萬，因為有 FB 的 CEO 的加入，讓年輕人的整體薪資平均向上激增 (圖 4-2)。但是台灣年輕人的月薪是否真會變高呢？答案卻是否定的，這也表現出平均數會受到離群值的影響特性。

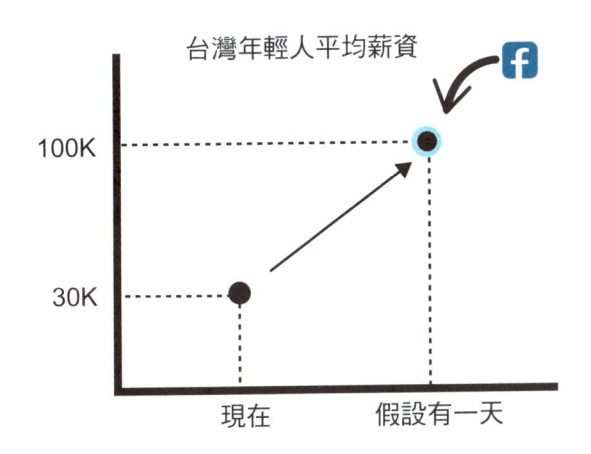

圖 4-2 平均薪資受離群值的影響

📁 中位數的概念

與平均數相比，中位數 (Median) 則是可降低離群值影響的資料判讀資訊。**中位數**，顧名思義，就是在一筆資料中，在中間位置的觀察值，它就是分隔點，將資料切成兩等份，中位數的左右兩側各有 50% 的觀察值。設想，普通的薪資階級還是占每個社會中絕大部分人口，即便 FB 的 CEO 移民來到台灣，雖然因為多了一個人，使中位數有所位移，但對於年輕人就業中間所得水準的判斷也不致影響太大 (圖 4-3)。

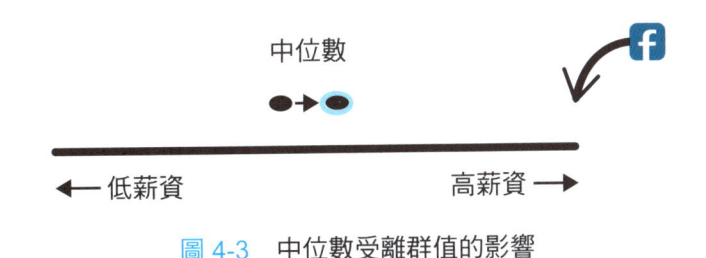

圖 4-3 中位數受離群值的影響

Part 1　資料的樞紐分析
輕統計：日常生活的資料分析

我們從上述的例子就可發現，要能找出中間位置的觀察值，首先要做的資料整理，就是將資料排序。在排序後我們才可做中位數的判斷。若是樣本內的觀察值為單數，譬如說有 5 個觀察值，中位數就是排序第 3 的觀察值；若樣本為複數，譬如說有 6 個觀察值，則中位數將會以排序第 3 及第 4 位置的觀察值平均而得 (圖 4-4)。

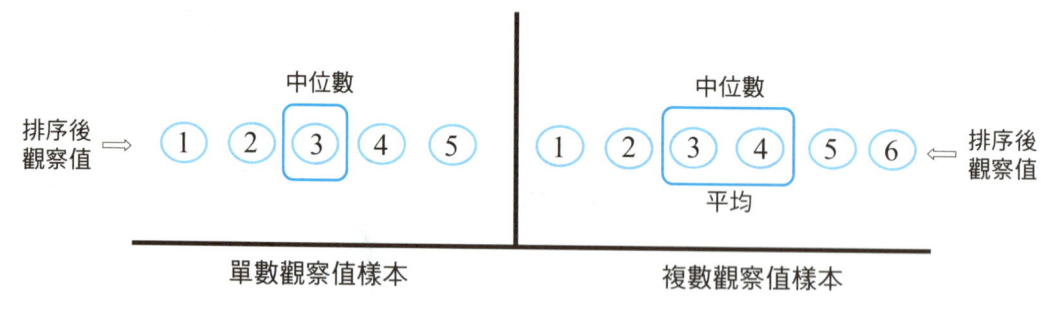

圖 4-4　找出中位數的概念

舉例來說，兩次的抽樣，分別抽出五位及六位年輕人，將資料排序後，則可找出兩次樣本的中位數。

範例一　因為觀察資料為單數，故選取中間位置的觀察值為中位數，故為 27,650 元

範例二　因為觀察資料為複數，選取中間兩個觀察值的平均數，故中位數為 (27,650+29,350)/2=28,500 元

範例一 五位年輕的薪資	範例二 六位年輕人的薪資
23,500	23,500
24,750	24,750
27,650	中位數　27,650
29,350	29,350
33,200	33,200
	34,000

📁 四分位距

四分位距 (Interquartile range, IQR)，是將我們樣本觀察值，分為四等份所作的後續分析。以前述的例子來說明，當我們知道台灣年輕人薪資的中位數為 3 萬元後，如何去了解有多少年輕人的薪資與 3 萬元的水準差不多，則可透過四分位距的判讀來協助。四分位距 IQR 是由第一分位數 (Q1)、中位數、第三分位數 (Q3) 所組成，中位數在前述已說明過，而 Q1 及 Q3 則是在資料中占第 25% 及 75% 位置的觀察值 (圖 4-5)。

4 資料基本分析

50% 的觀察值

Q2 中位數

Q1 第一分位數　　Q3 第三分位數

圖 4-5　中位數的分布狀況

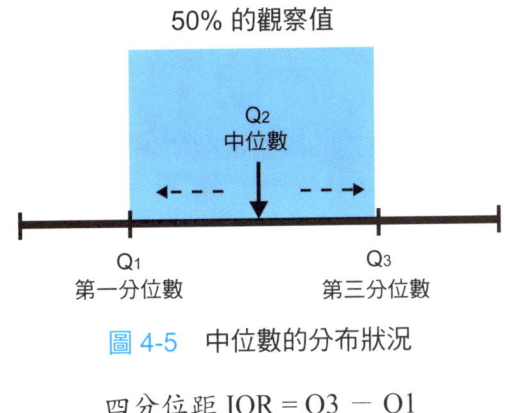

四分位距 IQR = Q3 － Q1

　　四分位距所代表的內涵是在觀察資料中間 50% 的觀察值分布情況，也可表現出資料離散程度，若以兩樣本觀察，IQR 數值差異越大，則相對離散程度則較大，譬如：

情境一 Q1 薪資是 1.2 萬元、Q3 薪資為 7.5 萬，代表有 50% 的人薪資在 1.2 萬至 7.5 萬之間

情境二 Q1 薪資是 2.2 萬元、Q3 薪資為 3.5 萬，代表有 50% 的人薪資在 2.2 萬至 3.5 萬之間

　　相比之下，可以知道情境二的薪資水準較為集中。而我們也可利用 IQR 作為把資料中離群值 (Outlier) 排除的依據。當判斷 FB 的 CEO 薪資為離群值後，將他從我們的資料中排除，對於資料的分析相當重要，無論在平均數或中位數的計算。排除離群值後，在後續年輕人薪資水準的計算及後續預測上都會增加準確度。而利用四分位距的離群值運算則可提供資料的合理水準範圍 (籬笆)，在籬笆外的觀察值，我們就可判斷它為離群值。

(籬笆上限, 籬笆下限) = (Q1 － 1.5×IQR, Q3 ＋ 1.5×IQR)

　　一般常用來表現中位數與 IQR 資訊的圖形為盒鬚圖，盒鬚圖也呈現了最大值與最小值，並排除離群值資訊，對於掌握手邊資料狀況是個相當好的圖形工具 (圖 4-6)。

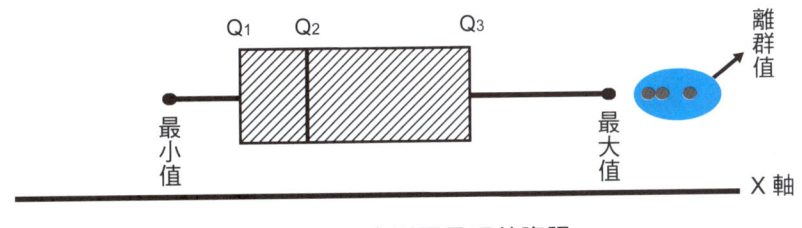

圖 4-6　盒鬚圖呈現的資訊

Part 1　資料的樞紐分析
輕統計：日常生活的資料分析

📁 盒鬚圖的繪製步驟

步驟一　將資料由小到大排序。

步驟二　找出排序後資料中間位置的觀察值數值，就是在 50% 位置上的觀察值，也是我們的中位數。

步驟三　由中位數向前後擴展，分別找出在 25% 位置 (Q1) 及 75% 位置 (Q3) 的觀察值數值。

步驟四　判斷資料中是否有離群值並將它排除，資料若落在 (Q1－1.5IQR，Q3+1.5IQR) 之外，則判斷其為離群值。IQR 為 Q3－Q1。

步驟五　在排除離群值後，則依據最小值、Q1、Q2、Q3、最大值在圖形上的位置呈現則可繪製我們的盒鬚圖，盒子的部分則由 Q1、Q2、Q3 組成。

現有 11 位剛畢業的大學生薪資，應用盒鬚圖的概念來進行分析吧！

原始資料

薪資
24,750
21,320
29,250
23,500
27,320
49,500
27,650
29,000
28,000
33,200
29,350

⇨

步驟一　資料由小至大排序。

薪資
21,320
23,500
24,750
27,320
27,650
28,000
29,000
29,250
29,350
33,200
49,500

步驟二　找出中位數。

	薪資
	21,320
	23,500
	24,750
	27,320
	27,650
中位數	28,000
	29,000
	29,250
	29,350
	33,200
	49,500

⇨

步驟三　找出 Q1 及 Q3。

	薪資
	21,320
	23,500
Q1	24,750
	27,320
	27,650
中位數	28,000
	29,000
	29,250
Q3	29,350
	33,200
	49,500

資料基本分析 4

步驟四 判斷離群值

1. 首先計算四分位距 IQR = Q3 － Q1 = 29350 － 24750 = 4600
2. 找出籬笆上下界

   (籬笆上限 , 籬笆下限) = (Q1 － 1.5IQR , Q3 ＋ 1.5IQR)
   = (24750 － 1.5×4600, 29350 ＋ 1.5×4600) = (17850, 36250)
3. 找出離群值

   薪資 49,500 未落在籬笆範圍內，故判斷其為離群值

步驟五 繪製盒鬚圖

將排除離群值的最小值 (21,320)、Q1(24,750)、Q2(28,000)、Q3(29,350)、最大值 (33,200)，依照級距排列，完成以下的盒鬚圖 (圖 4-7)。

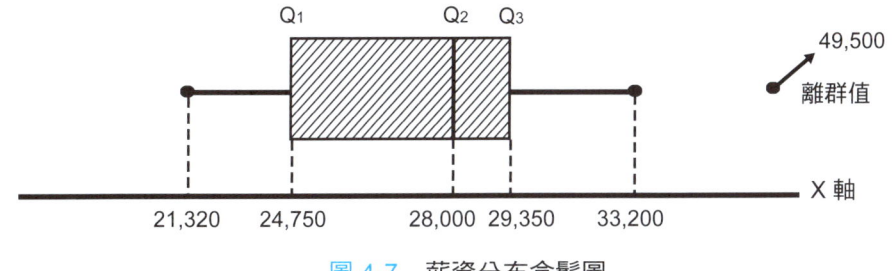

圖 4-7 薪資分布盒鬚圖

繪製好盒鬚圖後，則可了解這批新畢業者的薪資水準分布狀況，排除高薪的離群值，有 50% 的人介於 24,750 至 29,350 元區間。而低於 24,750 元者則是屬於較低薪，排序於後面的 25% 水準內。

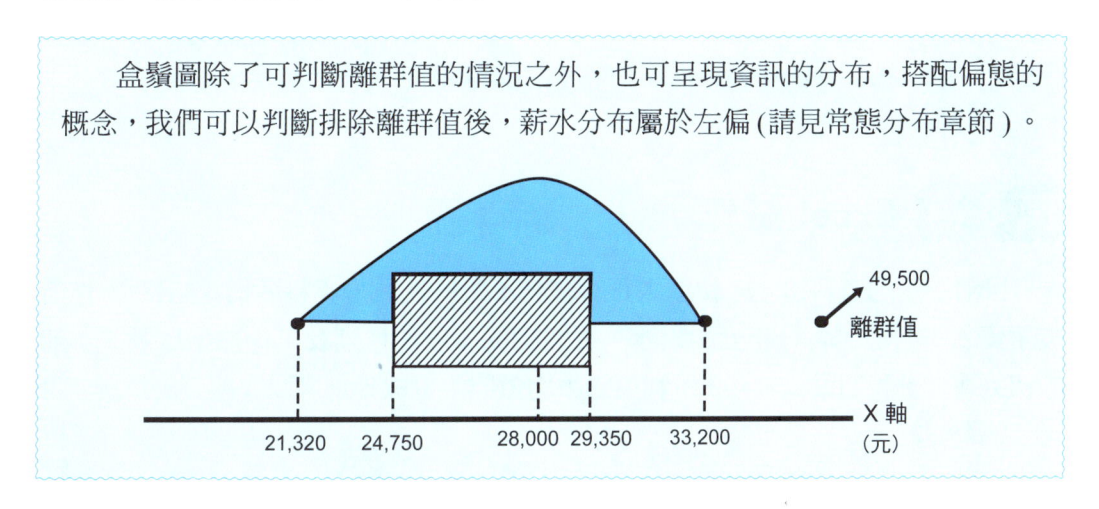

盒鬚圖除了可判斷離群值的情況之外，也可呈現資訊的分布，搭配偏態的概念，我們可以判斷排除離群值後，薪水分布屬於左偏 (請見常態分布章節)。

Part 1　資料的樞紐分析
輕統計：日常生活的資料分析

> **思考題**　如果現在應用平均數來計算這 11 位剛畢業的新鮮人薪資，會得到 29,349 元的平均薪資，若只參考平均薪資，對於我們判斷這批新鮮人的就業狀況會造成什麼影響呢？

📁 百分位數

中位數的概念可向外擴展，可以用百分位數 (Percentile) 的概念來分析我們的資料，也就是將我們的資料切成 100 等份。在應用上，如果我想要知道台灣年輕人前 10% 與後 10% 的薪資水準，來了解較低及較高的薪資族群差異規模，我們則可透過第 10 百分位及第 90 百分位數來進行分析 (圖 4-8)。

圖 4-8　百分位數概念

百分位數的判斷，同樣地，須先將我們的資料先排序，並將資料分成 100 個單位，百分位數分析公式及步驟如下：

$$P_m = m \times (N/100)$$

1. 將資料由小到大排序。
2. 將資料分為 100 等個單位。
3. 找出目標分位數，可以寫作以下的公式。其中，m 為目標分位數的位置，如要找出第 10 百分位的薪資水準，則 m 為 10，N 則為我們的觀察值總數。

第 3 節　Excel 試作

目前手邊的資料是 474 位進入銀行工作 5 年的人員，資料名稱〔CH5. 工作前後薪資〕，內容包含今年度的薪水、受教育的年度、性別及工作類型以及 5 年前的初始薪資。我們就以表 4-3 所利用的平均數與中位數分別來觀察薪資的情況！

表 4-3　銀行薪資表現

	A	B	C	D	E	F
1	編號	5年後薪資	受教育年度	初始薪資	性別	工作類型
2	1	57000	15	27000	Male	Management
3	2	40200	16	18750	Male	Administrative
4	3	21450	12	12000	Female	Administrative
5	4	21900	8	13200	Female	Administrative
6	5	45000	15	21000	Male	Administrative
7	6	32100	15	13500	Male	Administrative
8	7	36000	15	18750	Male	Administrative
9	8	21900	12	9750	Female	Administrative
10	9	27900	15	12750	Female	Administrative
468	467	32850	16	19500	Female	Administrative
469	468	55750	16	19980	Female	Management
470	469	25200	15	13950	Female	Administrative
471	470	26250	12	15750	Male	Administrative
472	471	26400	15	15750	Male	Administrative
473	472	39150	15	15750	Male	Administrative
474	473	21450	12	12750	Female	Administrative
475	474	29400	12	14250	Female	Administrative
476						

📂 找出資訊的平均數與標準差

	5 年後薪資	初始薪資
平均數	34419.6	17016.1
標準差	17075.7	7870.6

在操作 Excel 時，可利用兩種方法來衡量，一是透過選單操作，第二種則是利用輸入程式。

1 方法一：利用 Excel 選單操作

【平均數計算的操作步驟】

點選任一個空白儲存格→選擇 Excel 功能列中的〔公式〕功能→選擇〔其他函數〕→選擇〔統計〕→選擇〔AVERAGE〕→在 Value 1 項中輸入資料範圍，此處是以 5 年後的薪資為目標 (圖 4-10)。

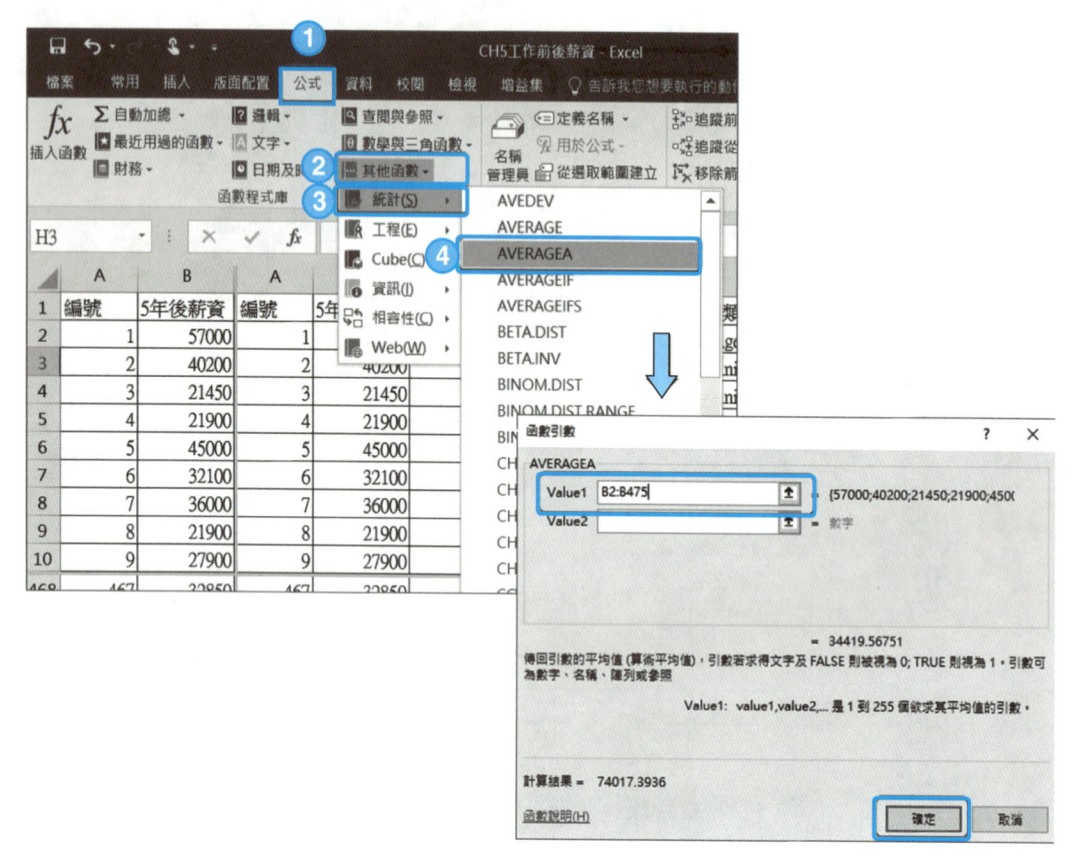

Part 1 資料的樞紐分析
輕統計：日常生活的資料分析

圖 4-10　計算平均數步驟

【標準差計算的操作步驟】

點選任一個空白儲存格→選擇 Excel 功能列中的〔公式〕功能→選擇〔其他函數〕→選擇〔統計〕→選擇〔STDEV.S〕→在 Value 項中輸入資料範圍。

2 方法二：輸入程式

【平均數計算的操作步驟】

於空白儲存格輸入計算公式〔= AVERAGE (儲存格範圍)〕(圖 4-11)。

【標準差計算的操作步驟】

於空白儲存格輸入計算公式〔= STDEV.S (儲存格範圍)〕。

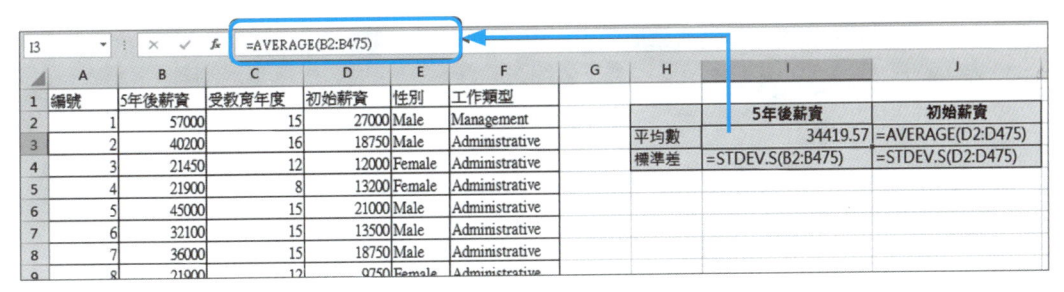

圖 4-11　以程式計算平均數步驟

📁 找出資訊的中位數與四分位距

同樣的，可利用選單操作以及程式輸入兩種方式來找出中位數及四分位距。

	5 年後薪資	初始薪資
中位數	28875.0	15000.0
Q1	24000.0	12450.0
Q3	37162.5	17617.5
IQR (Q3-Q1)	13162.5	5167.5

1 方法一：利用 Excel 選單操作

【中位數計算的操作步驟】

點選任一個空白儲存格→選擇 Excel 功能列中的〔公式〕功能→選擇〔其他函數〕→選擇〔統計〕→選擇〔MEDIAN〕→在 Number 1 項中輸入資料範圍，此處是以 5 年後的薪資為目標 (圖 4-12)。

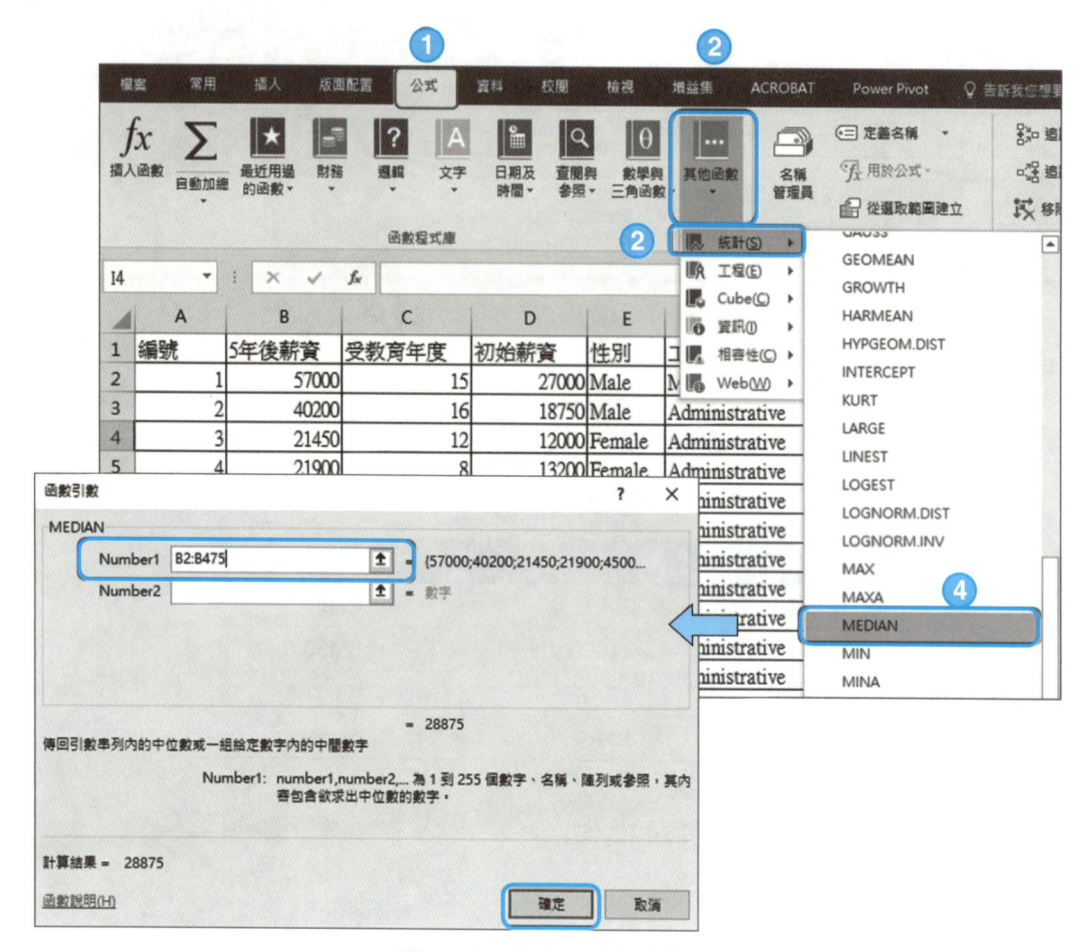

Part 1　資料的樞紐分析
輕統計：日常生活的資料分析

圖 4-12　找出中位數步驟

【四分位數計算的操作步驟】

　　點選任一個空白儲存格→選擇 Excel 功能列中的〔公式〕功能→選擇〔其他函數〕→選擇〔統計〕→選擇〔QUARTILE.EXC〕→在 Array 項中輸入資料範圍，並選擇分位數 Quart (Q1 為 1，Q3 為 3)(圖 4-13)。

資料基本分析 4

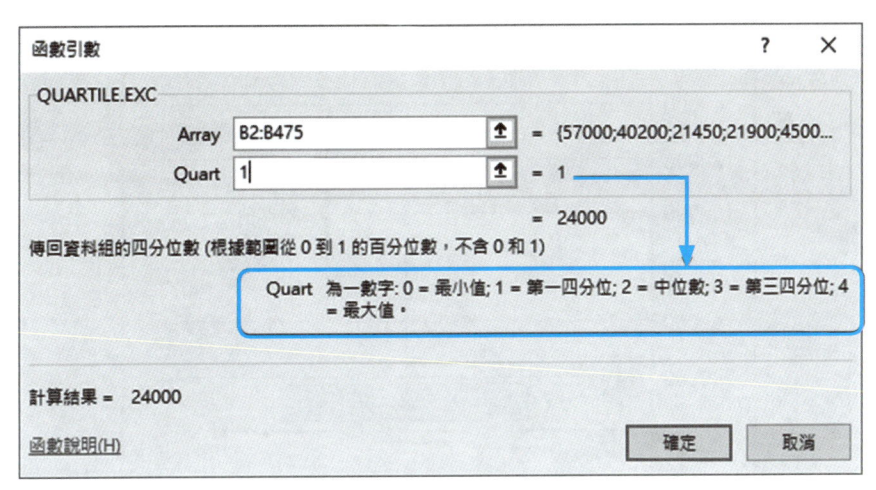

圖 4-13　找出四分位數的設定

2 方法二：輸入程式

【中位數計算的操作步驟】

於空白儲存格輸入計算公式〔= MEDIAN (儲存格範圍)〕(圖 4-14)

【四分位數計算的操作步驟】

Q1：於空白儲存格輸入計算公式〔= QUARTILE.EXC (儲存格範圍 , 1)〕

Q3：於空白儲存格輸入計算公式〔= QUARTILE.EXC (儲存格範圍 , 3)〕

📁 繪製盒鬚圖

在上一節中，以手繪方式讓我們了解盒鬚圖的基本概念，以及繪製盒鬚圖所需要的資訊與步驟。在 Excel 中盒鬚圖是內建圖形之一，透過簡單的操作步驟即可畫出，方便我們對資料的觀察，而離群值也會在自動繪圖中被篩選出來。觀察 5 年後的薪資盒鬚圖可得知薪資水平約介於 1.5 至 5.8 萬左右，高於這個區間多屬於離群值 (圖 4-15)。

圖 4-14　以程式找出中位數步驟

71

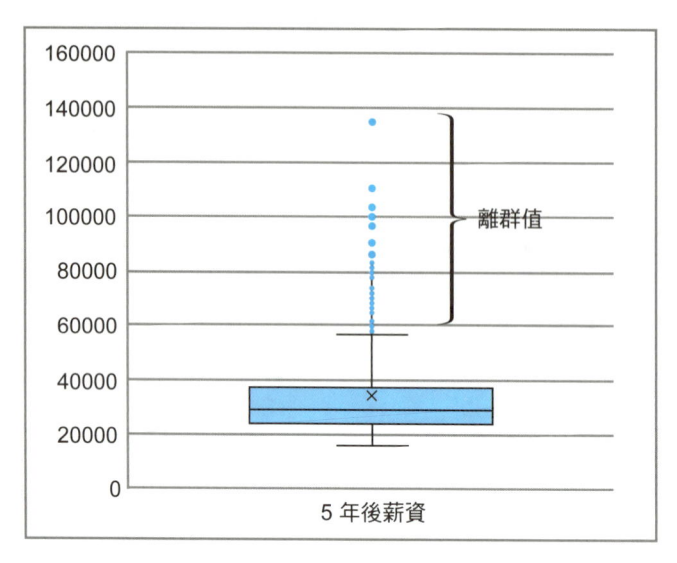

圖 4-15　工作 5 年後薪資分布盒鬚圖

要畫出資料的盒鬚圖可按照以下步驟進行 (圖 4-16)：

步驟一　選取欲繪圖的區域，此處以 5 年後薪資為範例

步驟二　選擇 Excel 功能列中的〔插入〕功能

步驟三　選擇〔建議圖表〕

步驟四　選擇〔盒鬚圖〕即可繪製出所要圖形

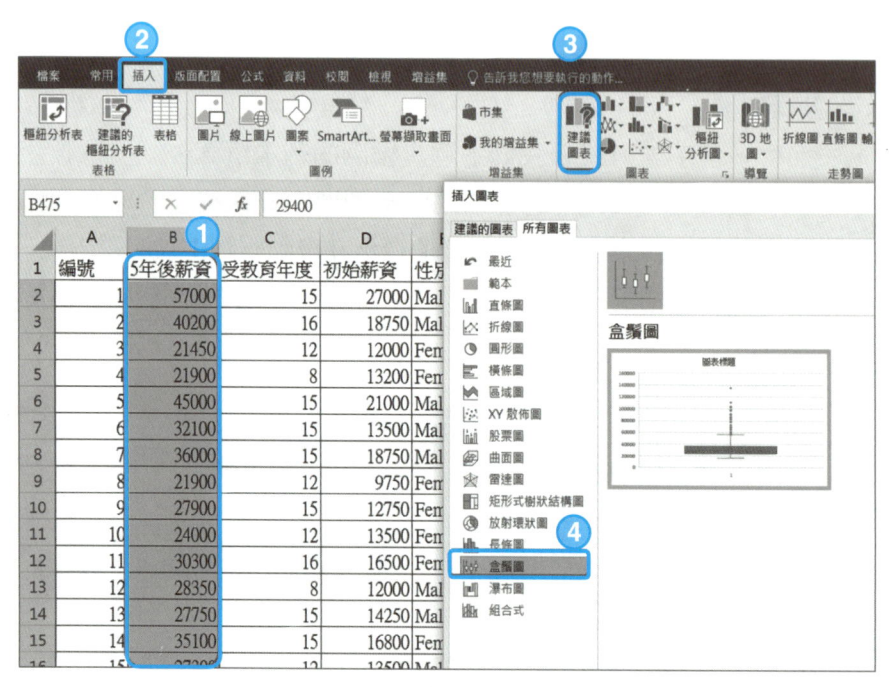

圖 4-16　工作 5 年後薪資分布盒鬚圖操作步驟

【盒鬚圖的進階好用功能】

　　Excel 的盒鬚圖功能上是可同時呈現多種類別的資料，方便比較資料分布狀況。譬如：將 5 年後薪資與初始薪資資料，以性別差異呈現，則可發現，女性的薪資水準明顯比男性低許多，且經過 5 年的工作經歷，增長幅度也不如男性高 (圖 4-17)。

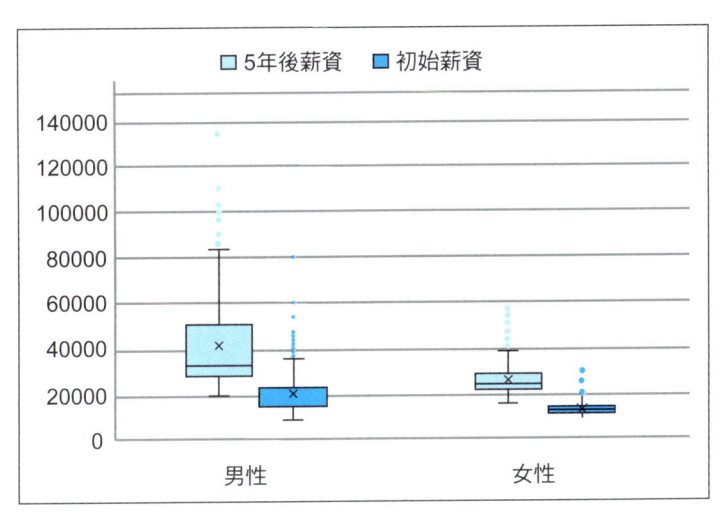

圖 4-17　工作前後薪資性別分布盒鬚圖

　　繪製多類別盒鬚圖，需特別注意，首先要將類別資料放在數據資料前 (圖 4-18)。以上述例子來說，則將〔性別〕的欄位調整到〔5 年後薪資〕及〔初始薪資〕兩欄之前。後續則將三欄資料選取，按照盒鬚圖的步驟即可繪製。

圖 4-18　繪製類別盒鬚圖需調整的資料欄位

本章作業

1. 現在國人赴外國旅遊非常興盛，旅行業搭上這波旅遊浪潮多有不錯的營業表現，每家旅行社都有不同的定價策略。想要撿便宜的民眾就得多多比較，才可用相對優惠的價格去想要的國家遊玩。阿尼最近想去歐洲遊玩，但經費有限，他鎖定四家旅行社的相同方案來比較。但每個時間點各家的定價都不同，他觀察了 12 個時間點，並把價格記錄下來，請幫他計算出四家的平均數與標準差。並說明哪家的平均價格較低？哪家的價格差異化較高？哪家旅行社比較不需要持續關注？

觀察次數	泛勤旅遊	米運旅遊	行運旅遊	辰令美旅遊
1	48	75	58	54
2	56	72	73	59
3	62	68	75	62
4	89	80	72	77
5	72	79	69	70
6	61	76	64	75
7	77	85	62	72
8	68	77	55	58
9	80	77	75	62
10	59	80	65	59
11	62	70	79	73
12	58	72	70	80

單位：千元

2. 以下幾種資訊，哪些平均數能呈現即可描述資料的狀態？而哪些比較適合利用中位數來描述？為什麼？

   (1) 孕婦懷孕的週數

   (2) 我國勞動力人口的薪資

   (3) 咖啡店 8 月每天的營業額

3. 以下是一年甲班在這次英文考試的成績表現，請利用四分位數概念，找出中間 50% 的分數分布區間，並說明是否存在離群值的分數。

58	72	70	80
77	85	62	72
89	80	72	77
72	79	69	70
61	76	64	75
48	75	58	54
68	77	55	58
80	77	75	62

4. 請按照盒鬚圖的繪製步驟，將前一題一年甲班的成績表現繪製成盒鬚圖。
5. 請利用〔CH5. 工作前後薪資〕繪製出不同工作類型下，初始薪資及 5 年後薪資的盒鬚圖，並比較說明各類型工作，何者的起薪較高？且在 5 年後，哪種工作的薪資增長幅度較高呢？

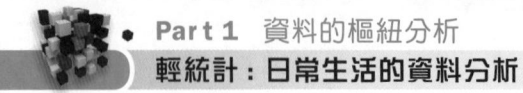

第 5 章

最簡單的統計分析原理

資料分析的方法一般有二：一稱統計學，一稱資料探勘。本書重點在於以統計為基礎的資料分析方法。

在學習資料統計分析之前，先要具體認識資料分析的統計原則。統計學是為了分析資料，所以，先有資料的觀念。本章不談機率統計的細節，而是從資料的兩個觀念開始介紹：**樣本** (Sample) 和**母體** (Population)。

樣本和母體是統計分析的核心觀念。實際所收集的數據，不論量有多大，都稱為樣本，一個樣本內記錄的數據，稱為觀察值 (Observation)；例如，一間教室，內有 50 個學生，教室是樣本，學生就是觀察值。

> 【常見的錯誤概念】
>
> 發現了嗎？我們常常在新聞媒體上接收到的訊息如「本次調查有效樣本數為 1,140 份，經過分析得知有 56% 支持政府執行這項政策」，這項說法是不正確的觀念。正確的說法為「本次抽樣共有 1,140 份的觀察值」，每次的調查皆為一個樣本。

這種關係，利用代數的名詞，樣本可以視為一個集合 (Set)，樣本內的觀察值則是集合內的元素 (Element)。一般我們會用下面的方式表示一個集合 X：

$$\{X|x1, x2, …..\}$$

樣本從哪裡來的？這不是一個腦筋急轉彎的問題，這是一個科學研究方法論的問題。所蒐集的數據不管有多大，終究不是「所有」的數據。所以，樣本也意味著它只是部分資料。科學研究面對分析的對象，認為樣本是由一個預設的母體產生來的。母體就是種種理論上的機率分配，母體的性質就是這些分配函數的性質。

然後透過對樣本的研究，推論母體的性質，這也就稱為抽樣 (Sampling)。舉一個例子，以某大學校園所有的學生為母體，因為母體是有限的，可得知母體中男生和女生的比率為 6:4。但如果我們無法事先知道母體性別比率，也就是這所學校的男女人數分布時，要如何推論這個比率？

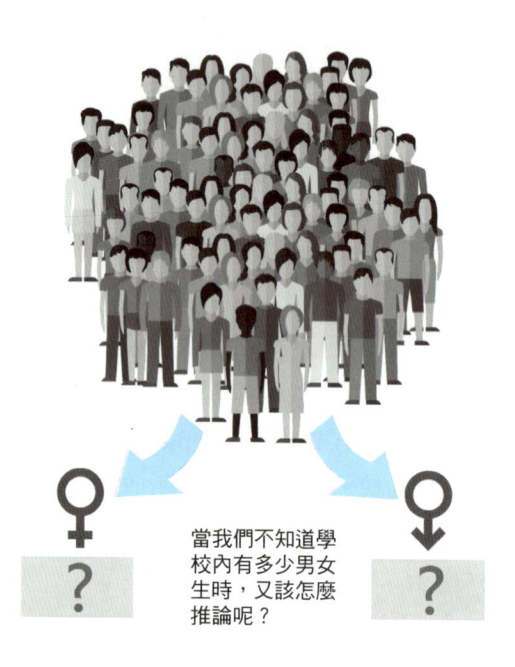

當我們不知道學校內有多少男女生時，又該怎麼推論呢？

答案就是利用抽樣。我們隨機抽一次 100 個學生，記錄男女生比率為 4:6，這個數字和原本母體相差太大，兩者差距稱為偏誤 (Bias)。要降低偏誤 (母體與樣本的比例差距)，有兩個方法：

【第 1】就要多抽幾次，例如，100 次。

【第 2】多抽一點觀察值，例如，1,000 人。

這樣，計算 100 次紀錄的男女比率的平均數，這個平均數理論上會和母體的真實值很接近，因此，抽樣偏誤 (Sampling bias) 就會大大降低。

上面的學校例子，母體男女比率的已知是一個假設，但是在統計實務上是不可能知道母體的架構的，就像我們不會知道實際上台北市有多少人口一般。所以，統計學的研究，提出了種種理論函數，透過假設來描述母體。機率學研究這些母體的性質，就是機率分配與隨機過程；本書著重的統計學，則是從分析抽取的樣本內涵，去推論母體，主要的架構則包含【估計】和【檢定】。

以「樣本 - 母體」為基礎的分析，類似「人類 - 上帝」，在學習統計數據分析時，需牢牢記住。除此，統計學另一支發展，不從母體建立出發，稱為無母數統計 (Nonparametric statistics)。

第 1 節　統計分析原理

回到最根本的問題，學習資料分析的主要目標是為了預測 (Prediction)，預測誰會取得較高的選票、預測大學生的成績學習狀況等等。而在預測之前，要先恰當地描述資料，才能追蹤資料的性質。

我們先解釋何謂「描述」一筆資料。假設我們有一筆代號 X 的資料，把它想像成 Excel 的 A 欄，有 1,000 筆觀察值。令 X 的平均數是 μ，當然，每個觀察值不一定等於平均數 μ，就像每個學生的成績不一定等於班上的平均成績。要描述這筆資料的一個方法，就是先把它寫成：

$$X = \mu + e$$

也就是說，資料可以由兩部分組成：平均數 m 和剩餘數值 e。前面有提到，資料分析的終極目的是預測 (Prediction)，如果我們可以用平均數來描述這筆資料，那麼平均數就有一個更專業的名稱：樣本期望值 (Sample expected value)。因為我們期待 1,000 筆觀察值都繞著平均數隨機變動，一個好的期望值，剩餘的 e 就是隨機散布於期望值的兩端。把 X 的數據畫成圖 5-1，圖 5-1 是一個分布圖，Y 軸的刻度是對應 X 軸數字的次數頻率 (Frequency)，好比 260 就是說資料中，平均數 m 附近大約 55~60 的區間，資料個數約有 260 個。所以，這也稱為次數分布。因為是真正的資料樣本，圖 5-1 稱為樣本直方圖 (Histogram)。

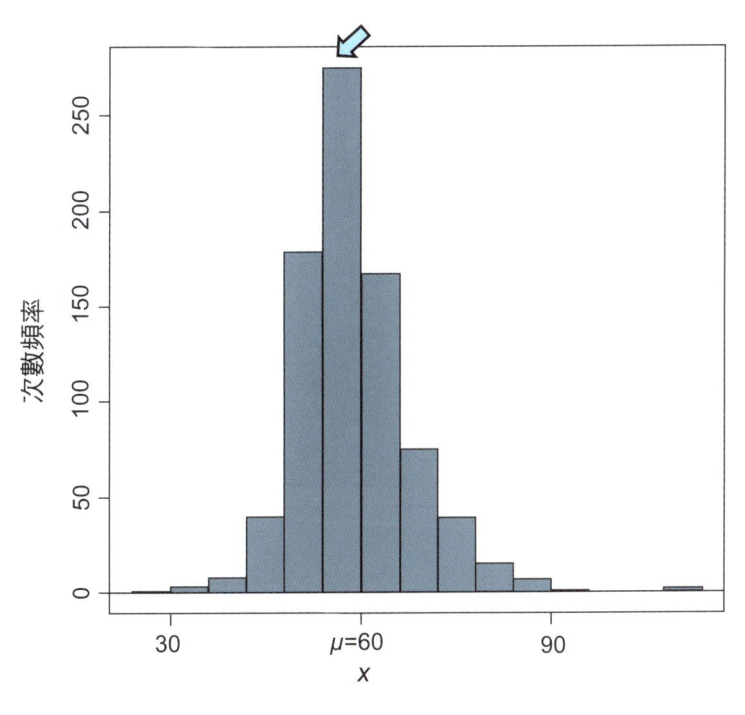

圖 5-1　資料 X 的樣本直方圖

另一個看法是從預測誤差 (Prediction error) e 來看：$e = X - \mu$。如圖 5-2。直方圖可以協助我們對自己資料的分布狀況有一個基本的了解，好比一般來說：平均數大多可表現資訊內的樣態，如台灣的女性人口身高平均約 162 公分，高於或是低於平均數所占的人數相對較低，所以 $e = 0$ 附近區域的人數分布還是相對較多，也使我們的直方圖長相如圖 5-2 所示。

【提醒】每個觀察值與平均數 (或樣本期望值) 的差異，即稱為預測誤差。簡單來說，我們透過樣本期望值的計算來推估這筆資料的長相，但抽樣抽出的每個觀察值與平均數間具有差異，例如，抽 100 個人計算平均身高，但每個人與平均身高間還有差額，這個差額就是預測誤差 e (也被稱為殘差)。

不論是上述哪種圖，機率可以看成是樣本直方圖背後的一個理論模型。例如，我們可以把樣本直方圖想像成是「由一個母體所生出來的」，如圖 5-3 的理論上的常態分布，像一個鐘形。而理論上的常態分布，是一個數學公式，所以可以呈現出連續且平滑的形狀。例如，常態的公式如下：

$$f(x) = \frac{1}{\sigma\sqrt{2\pi}} e^{-\frac{(x-\mu)^2}{2\sigma^2}}$$

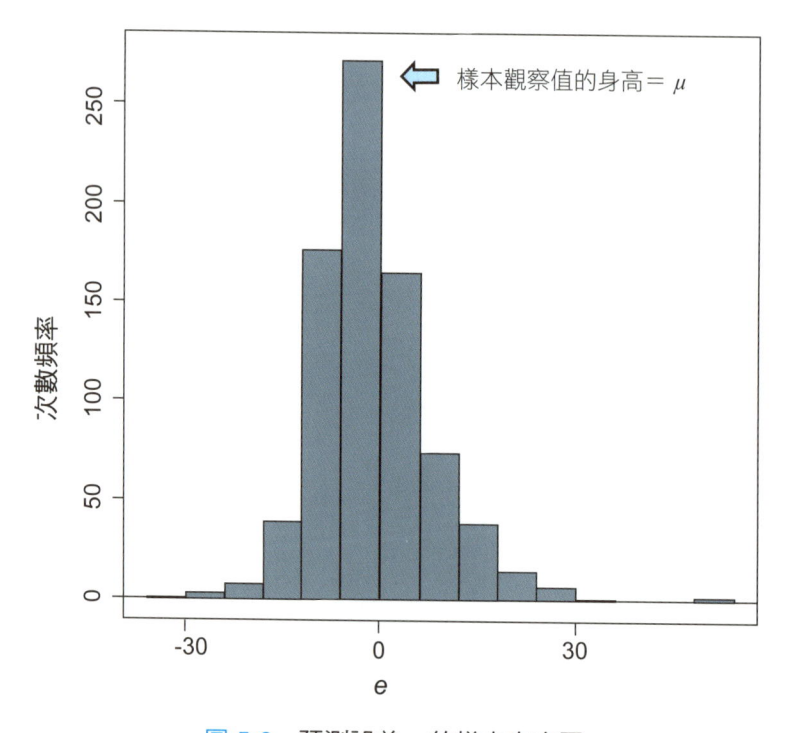

圖 5-2　預測誤差 e 的樣本直方圖

圖 5-3　標準常態分布圖

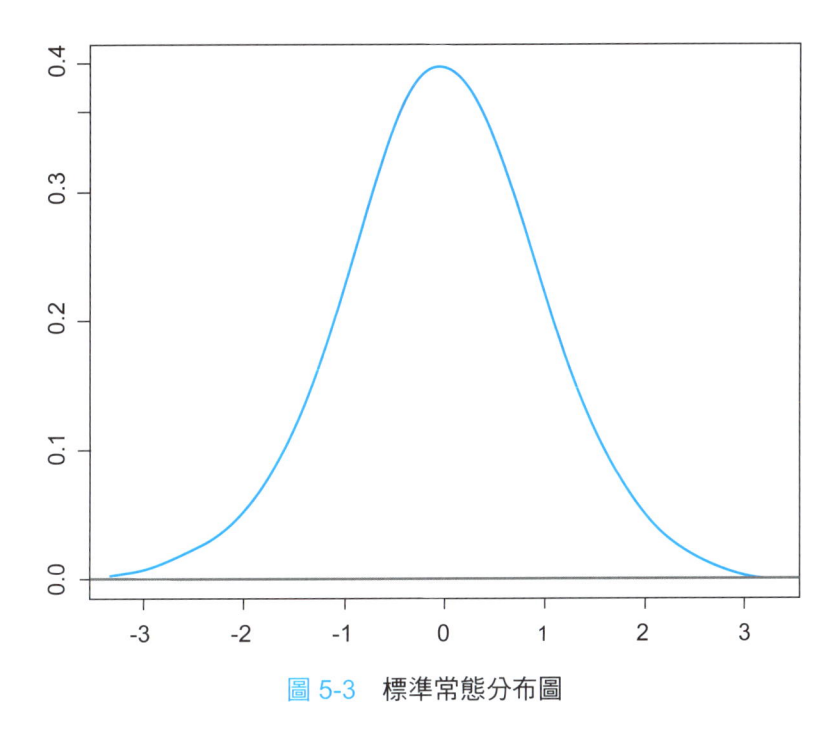

　　機率就是一個透過數學公式描述樣本分布的學問，透過公式規則，我們就可以去推論母體的長相。一旦能夠確認樣本是母體的一個投影，這個公式所內含的數學性質，就可以用來建立樣本的預測。

　　常態分配的分布可以用來描述許多生活中的資訊，如身高、體重、智商、收入，這些資訊的共同特徵就是「一般表現」的人占絕大數，極高或極低的表現則為少數，所以在中間層級的人數是最多的，而使其分布的長相為鐘形，如圖 5-4 的樣子。當然，生活中也有很多的資訊是不為常態分布的，此則須搭配其他的分析手法。

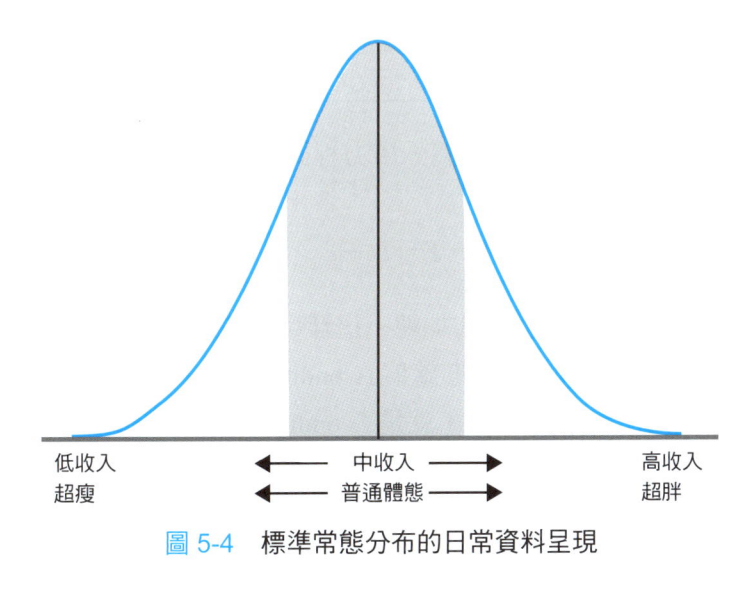

低收入　　　　←　中收入　→　　　　高收入
超瘦　　　　　←　普通體態　→　　　超胖

圖 5-4　標準常態分布的日常資料呈現

【延伸知識】 若我的母體不符合常態分配的公式，也就是沒有特定的規則可以來形容它時，此時常態分配下的樣本推估母體的方式就不適用了，得使用無母數分析，若有興趣的同學可再延伸閱讀。

要了解資料的機率分布樣態，最好的作法就是對預測誤差去繪製直方圖；所以，我們會需要先產生期望值，然後計算樣本資料和期望值的差距 (e)。也就是說，我們要先估計 (Estimate) 期望值。一般來說，我們的**基本估計的包含「兩種參數」：期望值和變異數；以及「兩類型態」樣本和條件**。如下說明：

📁 估計原理

統計分析的對象是資料，統計基礎包含兩件事：估計 (Estimation) 和檢定 (Test)，估計和檢定兩者是息息相關的。【估計】是應用方法 (Estimation method) 從資料計算出特定參數。【檢定】用一個檢定量 (Test statistic)，檢定所估計出來的參數是否具備我們期待的統計性質，例如，利用顯著性檢驗。當我們利用樣本計算參數來估計母體，我們則需要檢驗樣本的訊息跟原本我們對母體的假設是否有明顯的差異。

具體的說，估計包含兩個階段：

【第一階段】我們要從資料之中計算樣本期望值，樣本變異數。
【第二階段】我們要計算條件期望值和條件變異數。

我們用 Y 表示被解釋變數，Y 也就是我們想要了解的現象或原因 (這個在下一節有更詳細的說明)，這個統計專案可以用一個 2×2 的表，表示如下：

	期望值	變異數
樣本 (sample)	$\mu = E(Y)$	$\sigma^2 = E(Y-m)^2$
條件 (conditional)	$\mu_{y|x} = E(Y|X)$	$\sigma^2_{y|x} = E((Y-\mu)^2|X)$

樣本期望值和樣本變異數的定義，用方程式來說明，一個樣本 Y 可以表示如下：

$$Y = \mu + e$$

也就是樣本期望值 (μ) 和殘差 (e) 的加總。這樣可以知道，樣本期望值會是一個固定數，或稱常數 (Constant)。條件期望值 (Conditional mean) 則是認為，期望值也許會與其他變數連動，英文的表示，就是 "conditional on other variables"，$E(Y|X)$ 即表示在 X 的條件下 Y 的期望值，Y 會受到 X 的影響。

最簡單的統計分析原理

$E(Y|X)$ 畢竟只是一個符號，實務上的估計，就必須假設它的函數關係，例如，假設 Y 和 X 之間的關係是線性 (Linear) 的。一個最簡單也是最重要的函數模式，就是線性模式 (Linear model)：

$$E(Y|X) = a + bX$$

套入資料時，就必須把期望值符號 E 拿掉，再補上誤差，這樣做是因為一般都假設殘差的期望值是 0

$$Y = a + bX + e$$

對於以這樣表示的條件期望值，則必須估計參數 a 和 b。發現了嗎？由這條式子顯示 Y 會隨著 X 的變動而變動。

有關統計估計，有三個常用的方法：1. 最小平方迴歸 (Least-square regression, LS)、2. 最大概似估計法 (Maximum likelihood estimator, MLE) 和 3. 動差法 (Method of moments method, MM)，在本書中我們不會去探討每個方法的公式細節，但仍須了解統計上的估計方法就是這 3 個的架構，其餘的都是這三個修改擴充的。例如，一般動差法 GMM 就是將動差法一般化，兩階段最小平方法 (2-Stage LS) 是在 LS 架構下，修改為兩階段引入工具變數。如果還要說有其他的，就是數值演算方法 (Numerical methods)，例如，拔靴 (Bootstrapping) 和貝式 (Bayesian method)。但是，數值方法，也會搭配三種基本架構進行演算。

📁 檢定原理

還記得嗎？估計完後的重要步驟是要去看我們的樣本參數與原先對母體的假設是否具有差異性，所以估計完之後，一定是檢定某個特定的虛無假設，我們以一個電腦產生的迴歸報表為例，如表 5-1。

表 5-1 估計成果樣板

變數 (Variable)	係數 (Coefficient)	標準誤 (Std. Error)	t 統計量 (t-Statistic)	P- 值 (Prob.)
Constant (常數)	1.740592	0.122648	14.19176	0.0000
Beta1	-1.923351	0.134289	-14.32245	0.0000
Beta2	0.080352	0.150364	0.534381	0.5932
Beta3	0.331608	0.186346	1.779535	0.0755
Beta4	1.312026	0.676490	1.939463	0.0528
R-squared	0.260821	Akaike info criterion		2.402585
Adjusted R-squared	0.257521	Schwarz criterion		2.429242
Log likelihood	-1077.365	Durbin-Watson stat		1.685408
F-statistic	79.03878	Prob(F-statistic)		0.000000

> **【假設概念補充】**
>
> 虛無假設 (H_0)，是指我們對母體的假設是真實的，也就是樣本的長相與母體是符合的。對立假設 (H_a) 則表示相對虛無假設，提出不同的假設或主張。舉例來說：
>
> H_0：男生與女生的統計成績相同
>
> H_a：男生與女生的統計成績非相同

假設被解釋變數為 Y，這個報表的第 1 欄 Coefficient，估計的方程式可以寫作如下：

$$Y = 1.74 - 1.92 \cdot \text{Beta1} + 0.08 \cdot \text{Beta2} + 0.33 \cdot \text{Beta3} + 1.3 \cdot 1 \text{Beta4}$$

第 4 欄的 t-Statistic 是 t-統計量，這個統計量檢定的虛無假設 H_0 和對立假設 H_a，和 t 檢定量，以 Beta1 為例，如下：

$$H_0 : \text{Beta1} = 0 \qquad H_a : \text{Beta1} \neq 0$$

$$t-\text{Statistic} = \frac{\text{Beta1} - 0}{\text{Std. Err}} = \frac{-1.923351}{0.134} = -14.322$$

因為虛無假設 H_0 是對 0 做檢定，所以，也稱為顯著性檢定 (Test for statistical significance)。t-Statistic 的原理是這樣：把虛無假設相減放在分子，標準差放在分母，相除之後，如果拒絕虛無假設，則這個相除之後的統計量會大到足以拒絕。是否大到足以拒絕虛無假設，就由這個檢定量的 p-value，也就是表中最右欄的 Prob. 來判斷：如果 Prob. 小於基準的 5%，則我們可以拒絕虛無假設，也就是說這個參數 Beta1 顯著異於 0。以這個例子而言，Prob. 很小，所以，估計的參數值 −1.923351 是顯著的，也就是說 Beta1 是不等於 0 的。

這張報表是標準的迴歸估計結果，所有的統計軟體都會這樣產生。但是，如果要檢定參數 Beta1 是不是特定的數字，就不能參考報表的 Prob. 了，看下例：

如果我們要檢定的問題如下：

$$H_0 : \text{Beta1} = -2 \qquad H_a : \text{Beta1} \neq -2$$

$$t-\text{Statistic} = \frac{\text{Beta1} - (-2)}{\text{Std. Err}} = \frac{0.07}{0.134} \approx 0.55$$

這樣的檢定，就不能看報表後面的 Prob.，因為報表只能顯示是否等於 0 的資訊。翻閱統計書後面檢定表，5% 顯著水準的臨界值大約是 1.92，也就是說，要拒絕虛無假設的 *t*-Statistic 不是正的數字大於 1.92，就是負的數字小於 –1.92，籬笆區間在 (1.92, –1.92)，超出這個範圍就拒絕虛無假設。上面計算出的 *t*-Statistic 約為 0.55，就是說，這個虛無假設是被接受的，在籬笆之內。也就是說，1.925 這個參數的信任區間，也包含了 2 這個數字。

其次就是 F 檢定。報表下半部有一個 F-statistic 和這個統計量的 *P*-value，Prob (F-Statistic)，這個其實是一個結合檢定，可檢定多個條件，虛無假設如下：

H_0 : Beta 1 = Beta 2 = Beta 3 = Beta 4 = 0

H_a :「H_0 不為英 (H_0 is not true)」

F 統計量的建構和 *t* 不一樣。它的分子是虛無假設為真的時候，估計一個只有截距的迴歸，計算經自由度修正的「殘差平方和」；分母則是以報表估計結果，計算經自由度修正的「殘差平方和」。兩個相除，如果虛無假設是錯的，則虛無假設為真的模型，所產生的變異數會很大。

第 2 節　函數原理和資料分析

雖然函數的應用和基本觀念，在機率就應該介紹了，但是，從資料分析的角度，在著重估計資料的統計這章介紹，應該還是更有感覺，因為統計的一些實際範例，都脫不了這個框架，基礎在於函數和極限的觀念。函數的定義域和值域也是數的集合，所以要建立極限的觀念必須先從實數 (real numbers) 的觀念著手。本節簡單說明一下實數、函數的觀念。

1 實數

實數可以藉由中學數學所學的座標軸來理解，只要實際畫得出來的線，就稱之為實線 (real line)，線上每個點的座標值，稱為實數。實線上以 0 為原點，分為正、負兩個區域。左邊為負數、右邊為正數。非負實數指不是「正」就是「零」的數。實線上，越往左越小；反之越大。

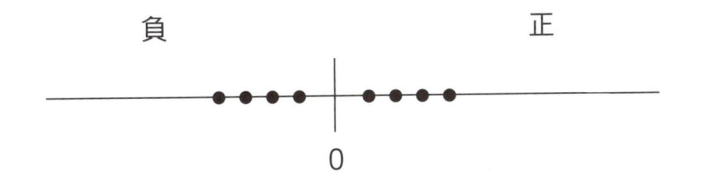

實數系由「有理數系」(Rational numbers) 和「無理數系」(Irrational numbers) 兩個體系構成。任一實數，若能由一分數表示者，則為有理數；反之，則為無理數。

有理數的表現形式有兩種：

(a) 有限小數。例如：$0.4 = \frac{2}{5}$；$0.875 = \frac{7}{8}$

(b) 無限重複的小數。例如：$0.333... = 0.3\bar{3} = \frac{1}{3}$；$1.714285714285 = 1.\overline{714285} = \frac{12}{7}$

無理數的例子，則有

$\sqrt{2} \approx 1.4142135623...$；$\pi \approx 3.1415926535...$；$e = 2.71828...$

2 函數

有了數的基本觀念後，我們可以進一步認識函數 (Function)。函數是指兩個以上的集合間的對應關係。為方便起見，令這兩個集合一個為 X，一個為 Y。這兩個集合內的元素 (Elements)，均是由實數所構成。利用簡單的符號，函數可表示如下：

$$f: X \to Y$$

口語上，我們可說成 X 集合裡的數字，透過 f 的轉換 (或運算)，變成 Y 集合裏的數字。因此，函數 f 事實上定義了一個「運算」；這個運算，將 X 變成 Y。例如：$y = 2x$，是說所有的 x 乘上兩倍，變成 y。

在數學上，我們寫成 $y = f(x)$，讀成「y 是 x 的函數」。在這個表示下，y 受 x 所決定，故我們稱 y 為「應變數」(Dependent variable)，x 為自行定義，故稱 x 為「自變數」。以數學語言來說，我們稱 X 是 Y 的定義域 (Domain)，Y 是 X 的值域 (Range)。

3 函數對問題的思考──經驗研究第一步

函數 $y = f(x)$ 這樣的形式表示出了兩個變數的量化對應關係，在財務、經濟、管理等多種學科扮演了一個理性思考的角色，也就是理論的建構。對於一個做思考或研究的人，所觀察的現象或問題，就是 y，好比蘋果從樹上落下；根據邏輯分析或理論，心中臆測的答案就是 x，影響蘋果從樹上掉下來的原因；兩者之間如何

建立相互關係就是函數的運算。

類型	y	x
日常邏輯	蘋果從樹上落下	影響蘋果從樹上掉下來的原因
1	應變數	自變數
2	依賴變數	獨立變數
3	內生變數	外生變數
4	果	因
5	被解釋變數	解釋變數
6	產出	投入

上表對應類型的前3個是比較傾向數學形式的稱呼,後面則是從事問題思考時,常常利用的邏輯架構。事實上,就許多科學來說,所謂的理論,就是解釋:問題 y 受哪些因素影響 x(或決定)。例如:了解消費變化受哪些因素所決定,就是消費理論;消費變化是 y,哪些因素就是 x。了解學生學期成績會受到哪些因素所決定;成績變化是 y,哪些因素就是 x。

學者研究的成果,可寫成以函數表示的理論,例如,消費理論的恆常所得假說,認為消費由恆常所得所決定,可以表示成:

$$消費 = f(恆常所得)$$

學校課程裡面所學習的各種知識,多是在解說 x 的內容。學術研究的成果,則告訴我們為什麼恆常所得會影響消費?如何影響。同時也提供真實世界的數據給予某種程度的佐證,這些都牽涉到 f 的運算方式。

所以,學習利用函數型態對掌握問題的形式,是開始訓練理性思維的第一步。

第3節 再進一步

望文生義,期望值的意義就是說觀察者期望他所觀察的隨機現象,有一個收斂或集中的位置(Location),只要掌握這個數字,就能掌握數據的特徵,也可以說,對於所觀察對象的變動,會有比較高的預測力(Predictability)。

期望值也稱為**數學期望值**(Mathematical expectation, μ),簡單地說,期望值就是用機率去加權計算的平均隨機變數(Weighted mean),期望值的概念實際上應用在我們生活中相當廣泛。例如:一個給小費的行為,某餐廳觀察,客人給的小費(隨機變數)之樣本空間:給100元的機率是0.6,給150元的機率是0.3,給

250 元的機率是 0.1。

小費金額	發生的機率
100	0.6
150	0.3
250	0.1

因此，小費的期望值為

$$\frac{6}{10} \times 100 + \frac{3}{10} \times 150 + \frac{1}{10} \times 250 = 60 + 45 + 25 = 130 \text{ 元}$$

如果不看機率加權，直接計算樣本平均數 (Sample mean)

$$\frac{100 + 150 + 250}{3} = \frac{500}{3} \approx 166.6 \text{ 元}$$

發現了嗎？考慮機率與不考慮機率之間，兩者有著還不算小的誤差。所以如何估計正確的期望值，就需要進一步的研究。因此，如果隨機變數是由一個機率分布在背後控制所產生的數據，忽略這個分布的機率性質對於預測是很危險的，就像餐廳的服務生認為他大概都會得到 167 元小費一樣，對預測造成了誤差。用數學方程式來表示，

離散隨機變數 Y，機率質量函數 $f(y)$，則其期望值：

$$\mu = \sum_{y \in S} y_i f(y_i)$$

連續隨機變數 Y，機率密度函數 $f(y)$，則其期望值：

$$\mu = \int y f(y)\, dy$$

另外，資料的第 2 個性質就是衡量樣本觀察值和期望值的差距程度有多大，這個差距，也稱為偏移 (Deviation) 程度，或散布 (Scatter) 程度。每個樣本和期望值相減，都可以得到一個差距數字；這些數字，有的高於期望值，有的低於期望值，有的和期望值很接近。如果直接把差距加起來算一個平均差距，會因為正負互相抵銷，而低估了觀察值的離散度。因此，把所有的差距平方消除正負，再加總算平均，可以得到一個衡量變異的平均值，稱為變異數 (Variance)，這個數字開根號就是標準差 (Standard deviation)。

離散隨機變數的變異數：$\sigma^2 = \sum_{y \in S} (y_i - \mu)^2 f(y_i)$

連續隨機變數的變異數：$\sigma^2 = f(y - \mu)^2 f(y) \, dy$

　　期望值和變異數是統計分析的核心。除此，資料分析還需要看資料的集中程度和集中的型態，測量的方法就是峰態 (Kurtosis) 和偏態 (Skewness)。

本章作業

1. 請說明以下的基本統計觀念。

    (1) 資料的兩個觀念，母體與樣本，兩者的關係是什麼呢？

    (2) 學習資料分析的主要目標是什麼呢？

    (3) 平均數 μ 又可稱為什麼呢？

    (4) 估計與檢定的關係是什麼呢？

    (5) 請說明虛無假設 (H_0) 與對立假設 (H_a) 的內涵各是什麼呢？

    (6) 條件期望值的內涵是什麼呢？

2. 某大學有 10000 個學生，我們想要了解男女生的比例，所以利用抽樣來做樣本的觀察，發現男女的比例為「男：女 = 4：6」，但跟主計處所公布的大學生男女生比例「男：女 = 6：4」有所差異，但又考量每個學校的特色分布本就有不同。但為了保險起見，可以利用哪兩個抽樣的方式，來降低誤差？

3. 要描述一個公司的薪資分布，我們可以把它寫作 $X = \mu + e$，X 代表每位員工的每月薪資，μ 代表公司的平均月薪資 (又可稱為樣本期望值)，試問 e 是什麼？

4. 請用函數的概念說明，以下每個項目的描述，應變數、自變數各是什麼？

    (1) 公司的股價、公司的營運表現

    (2) 候選人的催票行為、候選人的得票數

    (3) 同學統計成績表現與課程內容的理解程度

    (4) 每個人受歡迎的程度、會講話的程度

    (5) 彈吉他流暢程度、彈吉他的天分、練習彈吉他的時數

5. 小美是搭公車上下學的，在學習完統計概念後，她將每天等公車的時間記錄下來，並計算出機率，如下表顯示，請問她等公車的期望分鐘數是多少呢？若用平均數來算的話會造成高估還是低估她等公車的時間呢？

公車遲到分鐘數	發生的機率
0	0.1
1	0.4
2	0.3
3	0.1
4	0.04
5	0.06

6. 下表是我們利用統計軟體，跑完迴歸後的成果，統計式可寫成如下，請問 Beta 2 的檢定結果顯示它是否為 0 呢？又，它的虛無假設與對立假設各為何呢？

$Y = 1.74 - 1.92 \cdot Beta\,1 + 0.08 \cdot Beta\,2 + 0.33 \cdot Beta\,3 + 1.3 \cdot 1\,Beta\,4$

變數 Variable	係數 Coefficient	標準誤 Std. Error	t 統計量 t-Statistic	P-value Prob.
Constant 常數	1.740592	0.122648	14.19176	0.0000
Beta1	−1.923351	0.134289	−14.32245	0.0000
Beta2	0.080352	0.150364	0.534381	0.5932
Beta3	0.331608	0.186346	1.779535	0.0755
Beta4	1.312026	0.676490	1.939463	0.0528
R-squared	0.260821	Akaike info criterion		2.402585
Adjusted R-squared	0.257521	Schwarz criterion		2.429242
Log likelihood	−1077.365	Durbin-Watson stat		1.685408
F-statistic	79.03878	Prob(F-statistic)		0.000000

第 6 章

我的資料長怎樣？
——隨機變數分布的形狀

在上一章的部分，我們初步說明了常態分布的概念，生活中許多事情發生的機率是符合常態分配的長相。如身高、體重、成績、收入，大多人的表現會集中在平均數的水準，極端表現者則為少數，這樣的情況就是常態的表現。而當我們隨便抽取一人去觀察他的身高或體重時，則可推估他／她體重超重的機率不高，有較大的可能落在台灣平均體重的區間之內。這也是為什麼在資料分析時，常態的概念理解如此重要。

而隨便抽取一人並預測他可能的體重，即是利用抽樣與期望值的概念。樣本的統計學名稱為隨機變數 (Random variable)。隨機，表示了抽樣是非人為加工的特性。而觀察隨機變數分布的形狀，自然也就是去看我們的資料的長相囉！接下來，我們再進一步透過資料分析去學習常態的特性。

思考題 想想看，生活中還有什麼現象，接近常態分配的發生機率呢？

第 1 節 常態

常態分布，也稱為高斯分布 (Gaussian distribution)。一個常態分布的隨機變數可寫成 $X \sim N(\mu, \sigma^2)$，表示樣本 X 的期望值為，變異數為 σ^2。標準常態的圖形為鐘形，由期望值 μ 為對稱點，它除了代表發生機率的分布之外，也能展現我們的資料情況。在標準常態分配的狀況下，資料情況具有以下特質：

$$平均值（期望值）= 中位數 = 眾數$$

📁 常態的圖形

圖 6-1 即為一標準常態分布圖，架構是將一個連續變數觀察值發生機率繪製成圖形，它的期望值為 0，而變異數 σ^2 是形成它鐘形樣貌的基礎，分配寫做 $X \sim N(0, \sigma^2)$，概念上可將其面積當作是事件的發生機率，機率總和為 1。

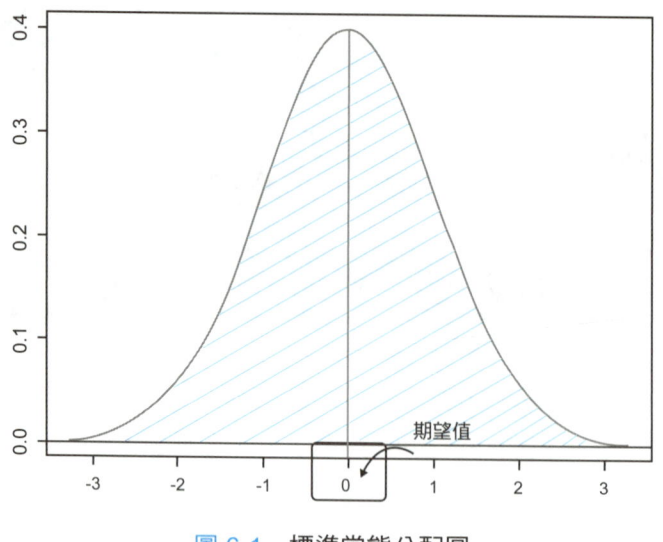

圖 6-1　標準常態分配圖

在進行資料分析前，我們會利用圖形先檢視資料的樣貌，當母體為常態分配的前提下，去進行抽樣，再將資料繪製成直方圖時，則可觀察到當觀察值越多越能表現出母體的狀況 (圖 6-2)，1,000 個觀察值的圖形已經跟圖 6-1 相似度極高。

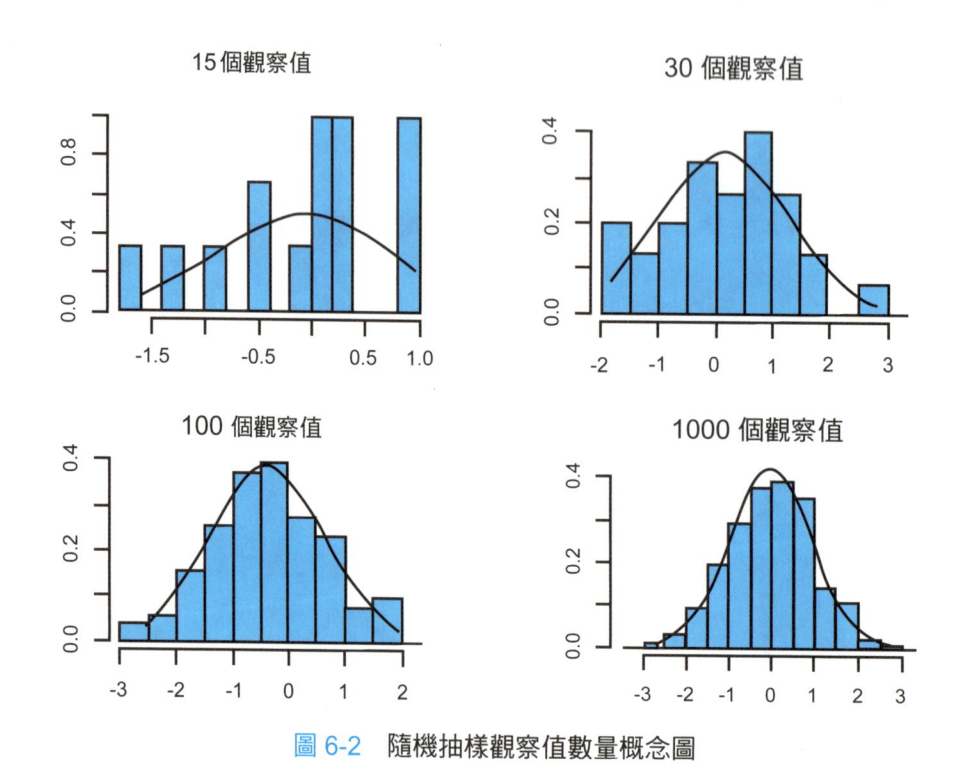

圖 6-2　隨機抽樣觀察值數量概念圖

6 我的資料長怎樣？——隨機變數分布的形狀

這個情況說明在抽樣時，因為隨機性的問題，當樣本觀察值較少的情況下，較無法利用資料表現出母體的真實樣貌，而樣本數越多則越能展現出資料的實際分布情況。

> 【概念補充】
>
> 1. 大數法則 (Law of averages)：指當觀察值越多，則樣本觀察值的平均數會越來越接近母體平均數，也就是說，平均數會越來越接近期望值。
> 2. 中央極限定理 (Central limit theorem)：指隨機變數的平均數的機率分布，會隨著樣本增加，而收斂於常態分配，這就是我們在做問卷調查時，常常希望抽樣的觀察值越多越好，當隨機變數一多才可假設它是符合常態分配，再去做後續的其他分析。

影響常態分配圖形的兩項因素為平均數與變異數，前面說到，標準常態分配機率分布期望值為 0，以 $X \sim N(\mu, \sigma^2)$ 來表示。而當期望值非為 0 時，則會影響分布圖形的位置，圖 6-3 中 a、b、c 三圖形變異數都相同，但期望值則有差異。而圖 6-4 則顯示期望值相同但變異數不同的三種圖形，其中變異數數值 a < b < c，可由資料的集中程度做理解基礎，變異數越大則資料會越分散。

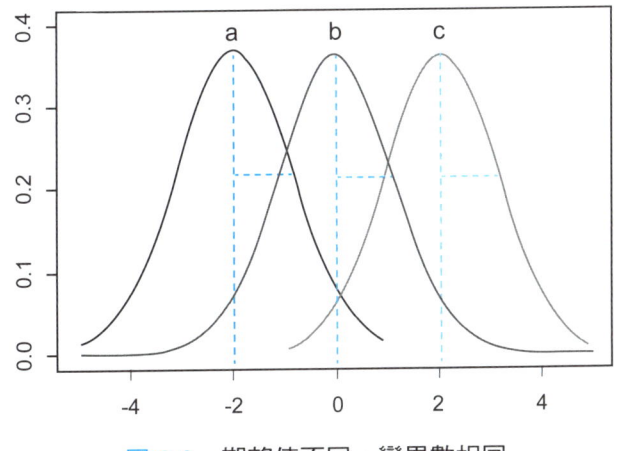

圖 6-3 期望值不同，變異數相同

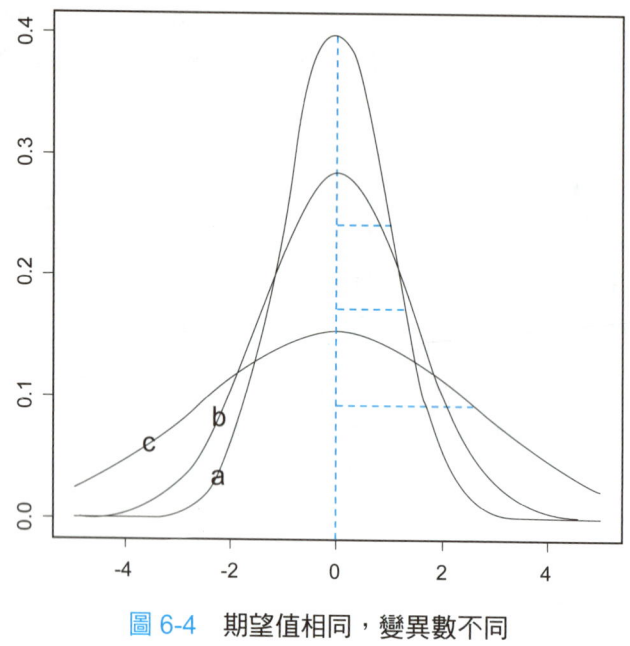

Part 2　資料的統計分析
輕統計：日常生活的資料分析

圖 6-4　期望值相同，變異數不同

📁 常態與檢定

在了解機率分布的圖形和樣本期望值，在第五章時我們有提過，檢定就是檢定一個特定的虛無假設 (Null hypothesis) 是否為真，而在檢定時有幾個重要的資訊，信任區間、臨界值、拒絕區。舉例來說，現在我們要檢定之條件如下：

$$虛無假設\ H_0 : u = 1$$

檢定的原理就是評估 $\hat{u} - 1$ 的差異是否顯著。如果虛無假設 H_0 為真，則

$$\hat{u} - 1 \cong 0$$

如果現在有 1,000 個觀察值，由於機率分布，所以 1000 個 $\hat{u} - 1$ 會有多數集中在 0 的附近 (還記得鐘形的特性嗎？)。

信任區間

檢定就是取一個範圍 (也可以說取一個允許範圍)，讓 $\hat{u} - 1$ 有一個區間，雖然期望值不是恰恰為 0，但是與 0 的差異在統計上來說可以忽略，也就是我們還是可以接受它的資料樣貌符合常態。這個區間，就是信任區間 (Confidence interval)。

臨界值與拒絕域

假設 $\hat{u} - 1 = y$ 為一個期望值 $EY = \mu = 0$，標準差 $VAR(Y) = \sigma = 1$ 的標準常態分配 $N(0,1)$。信任區間在 X 軸範圍，計算為：期望值 ± $k*$ 標準差。或標準差的 1.96 倍左右展開的信任區間，覆蓋機率面積為 95%，式子上的 ±1.96，也稱為臨界值 (Critical values)，而超出這個範圍者則為拒絕域。

以圖 6-5 來說，顏色區域則是給定的信賴區間，也就是當我們隨機抽樣計算出之期望值落入這個區域，我們會接受母體期望值等於樣本期望值。若它掉入顏色以外的拒絕域區域，則表示 $\hat{u} - 1$ 不為 0，也就拒絕虛無假設了。

除了 $\mu \pm 1.96\sigma$ 的信任區間為 95% 以外，常態分布還有下面幾種信任區間區域，為統計討論較為常見的，而臨界值範圍的設定則關乎研究者對資料的嚴謹度要求，一般常見的為以 $\mu \pm 1.96\sigma$ 為主。故在後續章節的檢定討論，常會出現「在 5% 的顯著水準下，是否拒絕虛無假設……」的論述，即是在說明，若樣本資料已經超出信任區間 95% 時，我們就拒絕虛無假設的概念。

樣本中有 68.26% 的觀察值落在 $\mu \pm 1\sigma$ 之間。
樣本中有 95.44% 的觀察值落在 $\mu \pm 2\sigma$ 之間。
樣本中有 99.74% 的觀察值落在 $\mu \pm 3\sigma$ 之間。
樣本中有 95% 的觀察值落在 $\mu \pm 1.96\sigma$ 之間。
樣本中有 99% 的觀察值落在 $\mu \pm 2.58\sigma$ 之間。

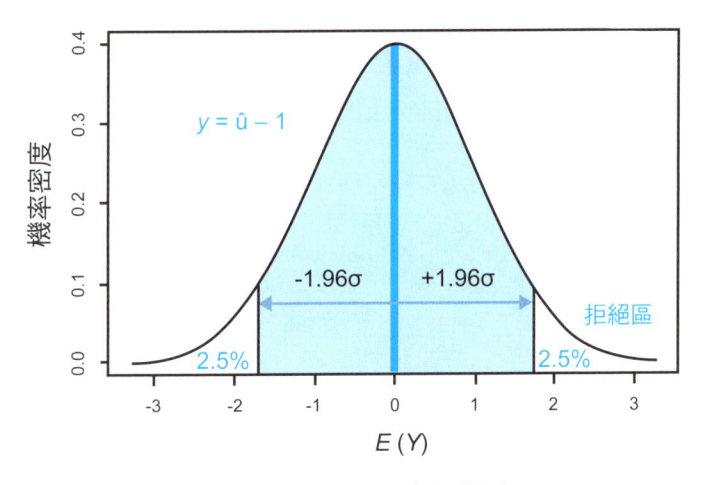

圖 6-5 信任區間與拒絕域

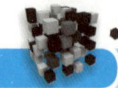

📁 把對的當錯的，把錯得當對的？型一及型二誤差的可能性

因為不知道母體的長相，我們利用統計估計，由樣本統計量來推估母體，並利用檢定來判斷估計的結果是否為可靠，即使如此，仍存在錯誤推估的機率。

在做假設檢定時，可能會發生兩種錯誤機率型態，稱做「型一誤差（α）」及「型二誤差（β）」。若用日常的例子來說明，兩個錯誤型態分別可以用兩個成語來說明，誤殺忠良與認賊作父。

型一誤差：誤殺忠良的機率（把對的當成錯的）
型二誤差：認賊作父的機率（把錯的當成對的）

型一誤差是指當虛無假設 H_0 與母體狀況一致，我們卻因為估計檢定的結果拒絕 H_0，把對的（H_0 為真）當成錯的。型二誤差則是指當虛無假設 H_0 與母體狀況不同，卻因估計檢定結果而不拒絕 H_0，則是犯了型二錯誤。表 6-1 呈現出檢定結果與真實狀況的四種樣貌。

▶ **思考題** 型一誤差與型二誤差，哪的情況發生是較為嚴重、難以彌補的？

誤殺忠良（型一誤差 α）的情況是難以彌補的，直覺來說「忠良已被誤殺當然無法補救」。必須了解的是，發生型一及型二誤差的機率是無法避免，當研究人員給定**拒絕域**（α）的範圍時，也就是給定可接受的「發生型一誤差之機率」。

一般來說，可依照發生錯誤的風險程度來決定 α 的大小。譬如說，對廠商來說，推估「生產商品的重量」與推估「地區居住人口」兩個議題，它所能承受發生錯誤機率則有所不同。商品的重量影響損益，而居住人口則是有關市場大小，比較之下，當然是商品重量更希望能夠精準推估。

表 6-1　假設檢定結果與真實情況的四種可能

實際 / 統計		依據檢定結果所作的判斷	
		接受虛無假設 Do not Reject H_0	拒絕虛無假設 Reject H_0
現實的情況	H_0 的假設情況是正確的	正確判斷的機率 $1-\alpha$	錯誤判斷的機率 **型一誤差**（α） （誤殺忠良）
	H_0 的假設情況是錯誤的	錯誤判斷的機率 **型二誤差**（β） （認賊作父）	正確判斷的機率 $1-\beta$

標準分數

標準分數是考慮觀察值 (x) 與期望值 ($\bar{x}$) 的相對位置，並考量兩者差額占標準差的相對值計算而得，亦即觀察值偏離期望值的標準差個數。透過資料的標準化計算，我們可以比較不同種類、單位等等的資訊。標準化分數的公式如下：

$$\text{標準分數 } Z = \frac{x - \bar{x}}{S}$$

譬如，A 與 B 來自不同班級，兩個人的學期成績相同，但成績表現在個別的班上可能有不同的意義，這時利用標準分數，則可比較兩者在班上的相對位置，進一步觀察來自不同母體中個體的表現，讓資料之間變得具有可比較性。

> 【觀念提醒】
>
> 學者在設計標準化分數時，是考慮每個觀察值與母體分布的相對情況，故 $\bar{x}$ 應為 μ，而 S 則為 σ。惟在現實情況，要掌握母體的分布相當困難，故通常會採用樣本觀察值的平均數與標準差來進行計算。

重要思考題　常態的假設對於資料分析到底有什麼幫助呢？

答案：因為許多統計分析、檢定的母體假設都是建立在常態分配的前提上，如 T 檢定、F 檢定、線性迴歸等等，若要使用這些分析模組，則需符合常態分配，才具有分析的配適性。

要判斷資料是否符合常態分配，在資料的初步分析時還需看資料的集中的型態和集中程度，我們可由偏態 (Skewness) 與峰態 (Kurtisis) 兩個資訊來進行觀察，以下兩節分別說明。

第 2 節　左偏和右偏

偏態 (Skewness)，顧名思義，是可以表現出資料集中的不對稱性。鐘形對稱的常態分配會以期望值為基準，觀察值對稱分布於兩側，大部分的觀察值集中在中間區域。而左偏分配資料則是左側的尾巴較長，資料集中在右側，譬如：生產的懷孕週數，一般來說 39 週為平均值，而有些產婦會高於此週數，但不會有無限週數的情況。右偏分配則是右側的尾巴較長，資料集中在左側，譬如：一般公司

圖 6-6 資料偏態情況

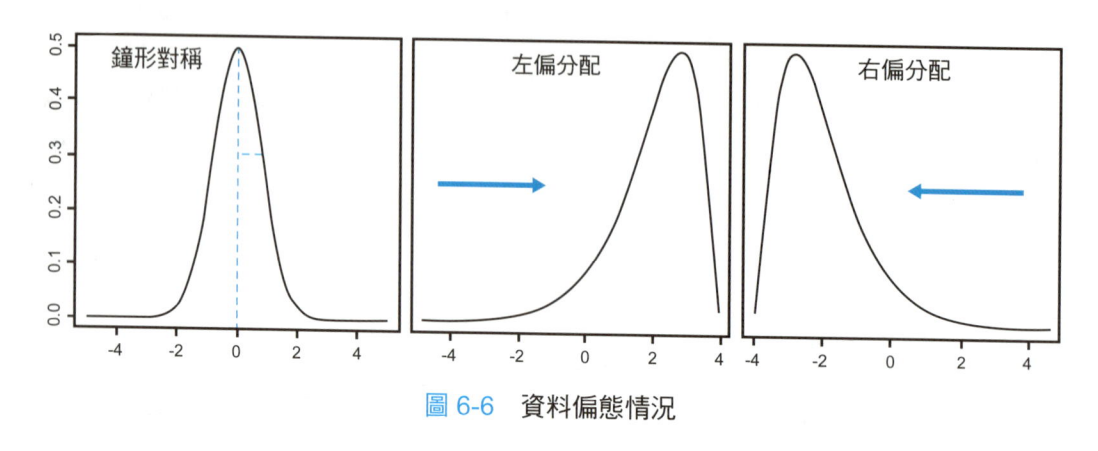

的生存年數，普遍都在 10 年以內，高於 10 年者的企業比例則依年度相對減少 (圖 6-6)。

資料偏態的統計判斷基準

在統計公式，偏態的計算方式為以下，主要架構在觀察觀察值的平均數與中位數的相對位置，$\bar{x}$ 為平均數，M_e 則為中位數，並以 0 為判斷左偏右偏的標準，而若資料為常態分配，則其偏態係數為 0。

$$\text{偏態係數 SK} = \frac{3(\bar{x} - M_e)}{S}$$

偏態係數 SK ＝ 0，表示觀察值分布對稱。
偏態係數 SK ＞ 0，表示觀察值分布偏右，只有少部分資料較大。
偏態係數 SK ＜ 0，表示觀察值分布偏左，只有少部分資料較小。

而偏態情況也會影響平均數的位置，如右偏分布因少部分的資料數值較大，平均數受到總額的影響，數值會較中位數為大。表 6-1 整理偏態資料的情況。

表 6-1 資料偏態說明

偏態情況	偏態係數數值	平均數 (期望值) 位置	日常資料的偏態情況
對稱分布	SK ≒ 0	平均數 = 中位數	身高、體重
左偏分布	SK ＜ 0	平均數 ＜ 中位數	民眾的跳傘次數、公司的存活時間
右偏分布	SK ＞ 0	平均數 ＞ 中位數	生產的懷孕週期數

思考題 偏態可表現資料的分布位置，常態分布的偏態係數是多少呢？

第 3 節　峰態

峰態 (Kurtosis) 為評估資料分布形狀中峰度高低的指標，可表現資料集中在眾數的情況。以圖 6-7 來說，三條分布線期望值相同，但在資料集中的高度則有差異。

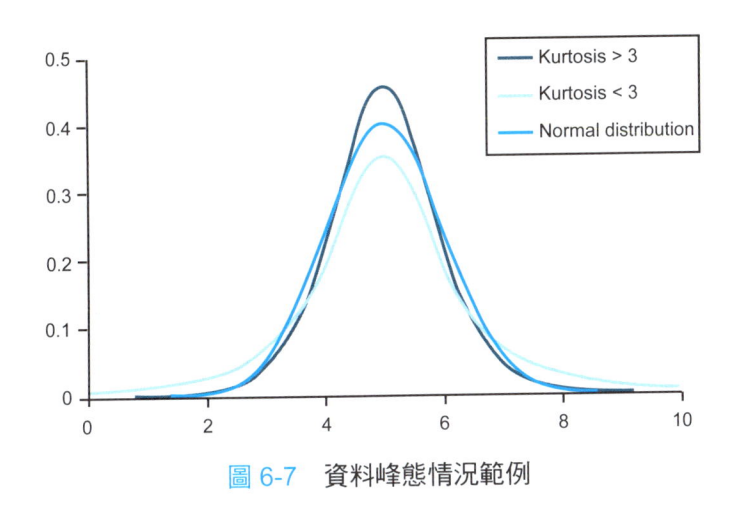

圖 6-7　資料峰態情況範例

📁 資料峰態的統計判斷基準

峰態的統計計算式，考慮各個觀察值與平均數之離差數，其中 $\bar{x}$ 為平均數，n 為觀察值數，S 則為標準差。標準常態分配的峰態係數 $K = 0$，也稱為常態峰。

$$kurt = \frac{\sum_{i=1}^{n}(x_i - \bar{x})^4/(n-1)}{S^4} - 3$$

峰態係數＝0，表示觀察值分布為常態峰。
峰態係數＞0，表示觀察值分布為高闊峰。
峰態係數＜0，表示觀察值分布為低闊峰。

📁 利用偏態與峰態係數做資料分析需要注意的事

透過偏態與峰態系數的觀察，可掌握資料的不對稱性與集中情況，也可判斷資料的常態分布狀況。但需要注意的是，僅用偏態與峰態數值並非是好的判斷準據。舉例來說，我們常聽到 M 型社會，表示社會財富分配，高資產者與低資產者，分別為兩個多數，這對使用偏態與峰態係數來判斷資料的分布就會造成偏誤，故搭配視覺化的圖形，首先觀察資料的外觀樣貌，在進行統計數值的分析，為分析的要點。

Part 2 資料的統計分析
輕統計：日常生活的資料分析

> 【觀念提醒】
>
> 　　理想的標準常態分布，偏態＝0、峰態＝0，但一般資料樣態並非如此精準，故在檢驗常態分配與否時，會搭配其他的觀察方式及統計分析原則來進行觀察，如四分位數間距、盒鬚圖、Shapiro-Wilk 檢測、Kolomogorov 檢測等，有興趣者可進階閱讀。

第 4 節　Excel 試作

　　本章節的資料分析也可利用 Excel 完成，除了以統計基準去帶入分析，如自行計算偏態係數與峰態係數之外，在 Excel 的增益集功能中，也有針對資料分析的統計功能「資料分析」，首先我們先來擴充 Excel 的分析功能。

安裝 Excel 資料分析增益集

　　Excel 增益集可以視作為插卡功能，只要幫 Excel 安裝之後，則可擴張它的分析能力。安裝的步驟如下：

　　開啟一個 Excel，點選功能列的【檔案】，接下來則選擇【選項】，會出現選項視窗，於左側功能列中點選【增益集】，在右側選單中點選【分析工具箱】，並點選下方【執行】(圖 6-8)。

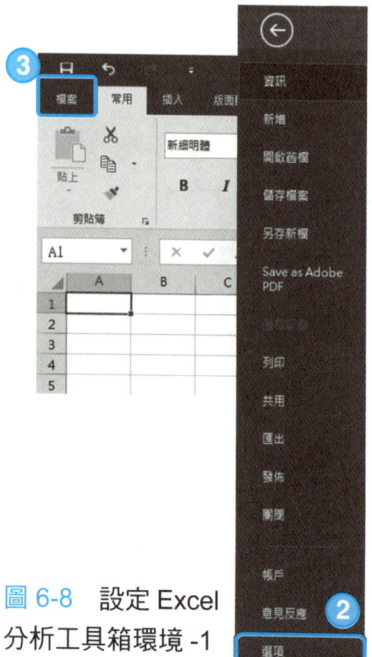

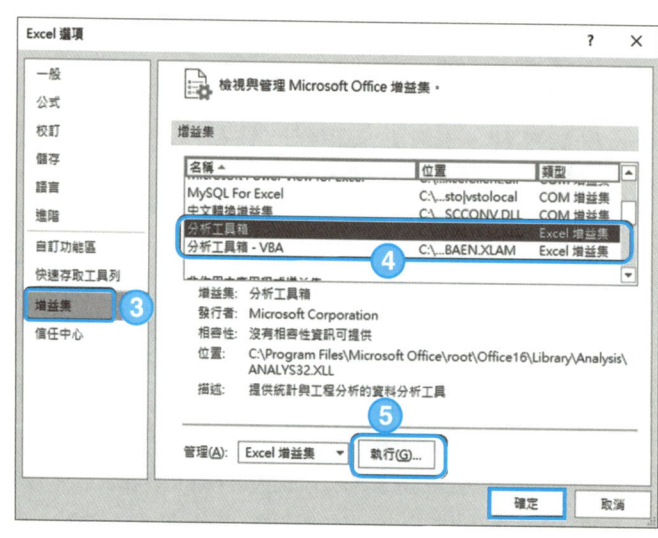

圖 6-8　設定 Excel 分析工具箱環境 -1

我的資料長怎樣？——隨機變數分布的形狀 6

在出現的增益集視窗內，選擇【分析工具箱】及【分析工具箱-VBA】，最後則按右側【確定】，則完成增益集的設定。再次回到 Excel 功能列的【資料】項目，則會出現【資料分析項目】，點選後則可觀察資料分析內的統計分析功能(圖6-9)。

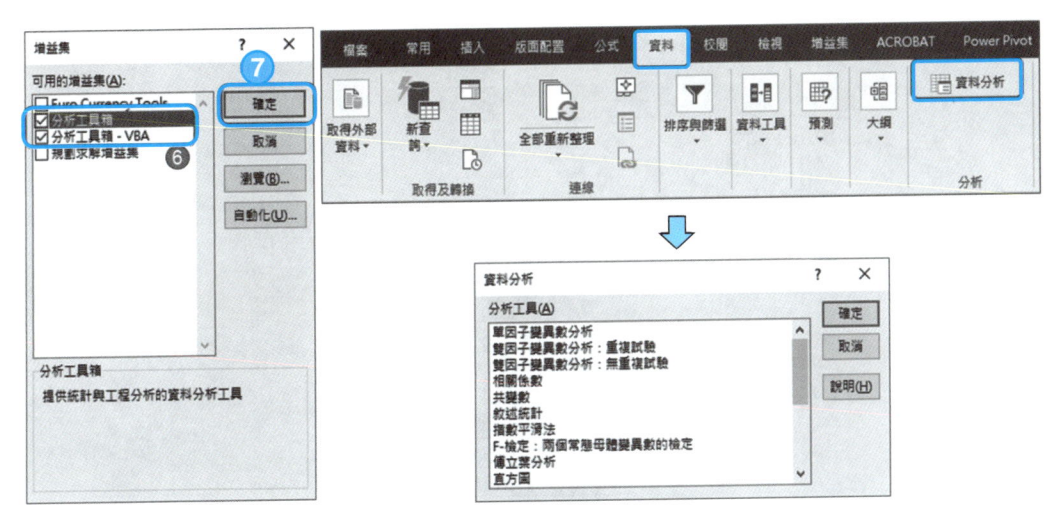

圖 6-9　設定 Excel 分析工具箱環境 -2

現在我們就利用【資料分析】功能來做資料形狀探索。

我們利用 A 中學 1136 位一年級新生的英文成績資料來做分析範例(見圖6-10)。分別觀察它的資料分布、偏態與峰態的情況。

圖 6-10　新生英文成績資料

103

📁 視覺化資料分布

要將資料的分布情況視覺化，則需繪製直方圖。首先，我們先將英文成績的平均數與標準差計算出。而為了給定直條圖的間距，利用常態分布的特性去進行設計，亦即 $\mu\pm 1\sigma$、$\mu\pm 2\sigma$、$\mu\pm 3\sigma$。將這些資訊都先利用 Excel 計算出 (圖 6-11)。

圖 6-11　製作分布圖前的資訊計算

有發現嗎？$\mu\pm 3\sigma$ 的範圍 (–5.55~117.34) 已經超過成績分數 (0~100) 範圍，這個我們後續再做調整，目前不影響直方圖次數的計算。

接下來，則利用 Excel 資料分析功能去進行計算。功能列表中選擇【資料】下的【資料分析】功能，在跳出的資料分析視窗中，選擇【直方圖】(圖 6-12)。

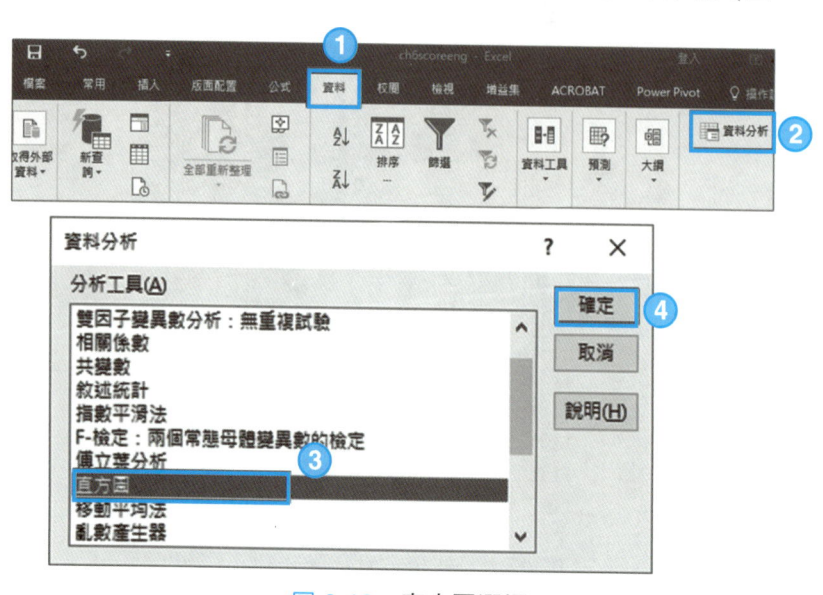

圖 6-12　直方圖選擇

6 我的資料長怎樣？——隨機變數分布的形狀

在跳出的【直方圖】視窗中，於【輸入範圍】內選定我們的成績資料範圍(圖 6-13)，而在【組界範圍】則選擇前面計算出的直方圖間距。接下來則選定資訊的輸出區，這邊我們讓資料在同一個工作表中呈現。選擇完後則按【確定】分析。

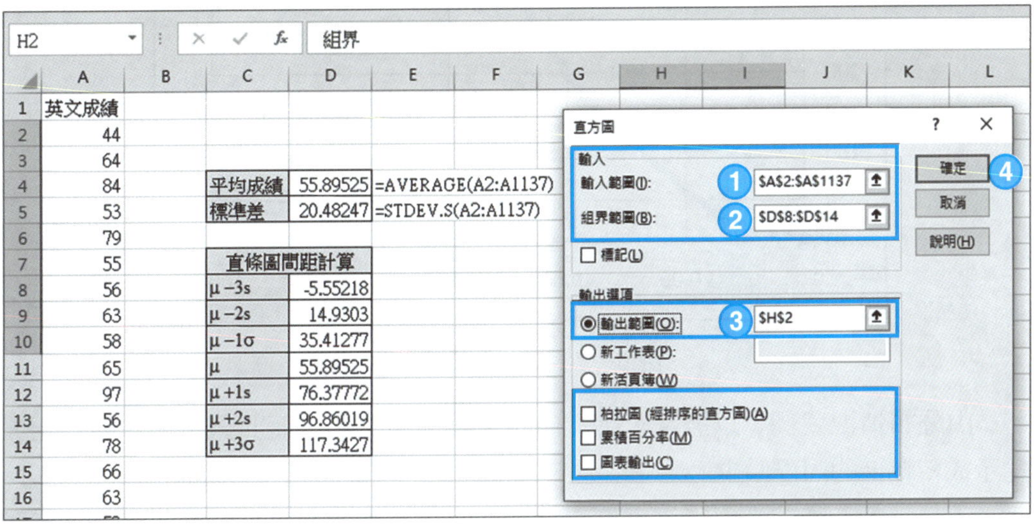

圖 6-13　直方圖的功能選定

Excel 將產出資訊呈現在我們選定的位置中，左側的為電腦產生的，這邊我們幫大家製作一張新表(右側)，呈現出每個成績區間內的人數(次數)，方便解讀(圖 6-14)。前面有提到組界的選擇 $\mu \pm 3\sigma$ 的範圍超出成績資訊的限制，這邊則可做相關調整，並利用系統產出的資訊繪製分布圖如圖 6-15 (選擇插入 X-Y 散布圖)。

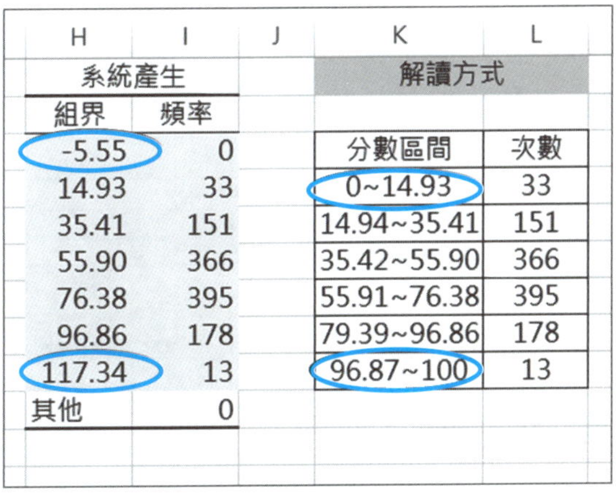

系統產生			解讀方式	
組界	頻率		分數區間	次數
-5.55	0			
14.93	33		0~14.93	33
35.41	151		14.94~35.41	151
55.90	366		35.42~55.90	366
76.38	395		55.91~76.38	395
96.86	178		79.39~96.86	178
117.34	13		96.87~100	13
其他	0			

圖 6-14　直方圖資訊產出

105

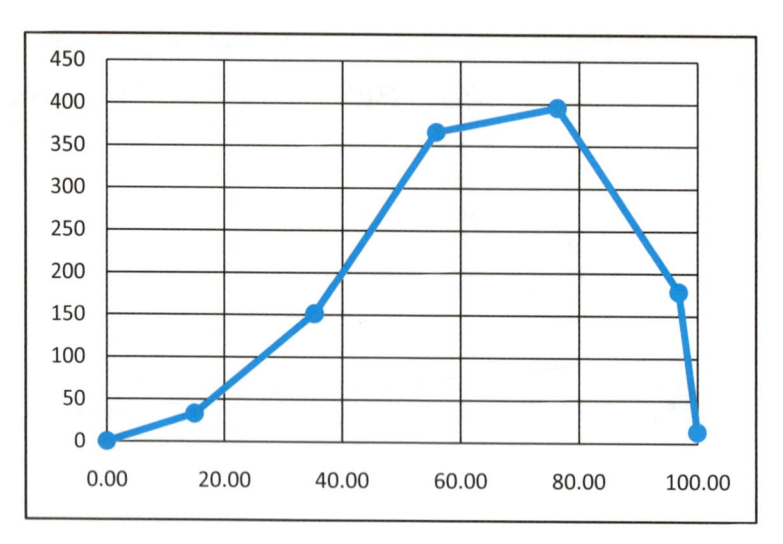

圖 6-15　英文成績分布圖

由分布情況我們可以發現，英文成績資訊呈現左偏，而非對稱的常態分配，顯示成績較低的同學偏少。

【試試看】將英文成績經由標準分數計算後，重新計算平均數、標準差與間距，再繪製分布圖，觀察與直接使用原始資料的分布情況有什麼差異呢？

📂 偏態與峰態統計資訊

要計算偏態與峰態資訊，【方法一】以統計公式來做計算，利用前面內容中提供統計式來逐個計算，這個部分就留給讀者操作。【方法二】則是利用 Excel【資料分析】功能 (圖 6-16)。

步驟是選擇【資料分析】內的【敘述統計】，並在【輸入範圍】中，選擇我們的資料，勾選【摘要資訊】，則可得到表 6-2 的分析結果。

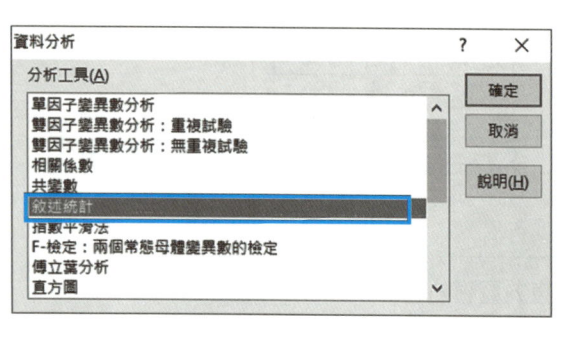

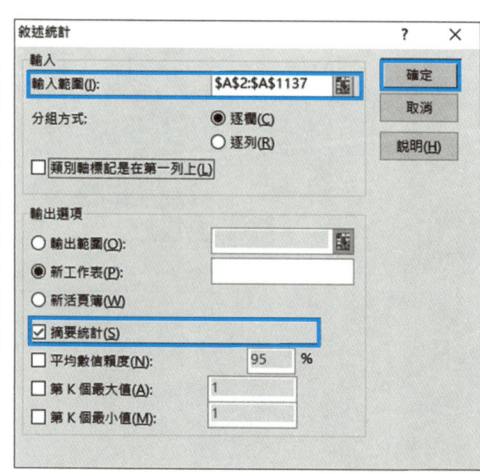

圖 6-16　偏態與峰態係數計算

表 6-2　敘述統計表

敘述統計	
平均數	55.906
標準誤	0.6082
中間值	56
眾數	55
標準差	20.488
變異數	419.78
峰度	-0.478
偏態	-0.145
範圍	97
最小值	2
最大值	99
個數	1135

由表 6-2 的結果可發現偏態係數 <0，峰態係數 (峰度) <0，分別可定義為左偏分配與低闊峰，惟兩者並沒有相當極端的分配情況出現 (數值與 0 差距不遠)。

本章作業

1. 常態分配的特色為何？試提出日常生活的資料樣態，何種比較像常態分配呢？

2. 資料的形狀，會影響後續的分析策略，請判斷以下對資料的形容是否正確？

    (1) 影響資料鐘形的形狀，主要是由期望值與均方差兩個資訊。

    (2) 峰態係數是可以觀察資料的偏斜狀況。

    (3) 當觀察值越多，越可以用資料來觀察母體狀況。

    (4) 除了偏態與峰態係數之外，沒有其他的方式可觀察資料是否符合常態。

3. 聖美中學的二年級總共有 7 個班級 150 個學生，這學期的數學成績分布，經由視覺化觀察及相關檢定，發現符合標準常態分配，平均分數為 72 分，標準差為 4.5 分。

    (1) 請問有多少學生在 63 分到 80 分之間？

    (2) 隨機抽取一個學生，他的數學成績落在 67.5 分到 76.5 分的機率有多少？

    (3) 隨機抽取一個學生，他的數學成績在 80 分以上的機率有多少？

4. 品川餐飲收集大量的民眾滿意度問卷資訊，分析人員首先做年齡調查的統計，計算相關的敘述統計資料如下，請用摘要資訊對這批樣本資料的年齡資訊對品川餐飲的來客分布進行說明。(各個統計資訊各代表什麼意思？)

6 我的資料長怎樣？——隨機變數分布的形狀

統計資訊	數值
平均數	38.94
標準誤	0.12
中間值	39
眾數	40
標準差	11.11
變異數	123.45
峰度	-0.89
偏態	0.07
範圍	44
最小值	18
最大值	62
個數	8802

5. 以下是溪提咖啡館這一個月來的營收金額，試繪製其分配圖，並以敘述統計資訊內的偏態與峰態資料來說明資料的分布情況。

16713	19507	18592
20766	20092	19928
20803	19534	17559
20395	20279	18271
20413	20143	15597
17808	18649	17259
20124	15414	17703
18110	17101	18884
18029	19177	18661
19724	17293	15749

第 7 章
多筆資料分析

當面對一筆資料時，我們可能著重在資料的趨勢、分布情況 (表 7-1)。但若擁有多筆資料時又該著重於哪些分析呢？答案則是資料間的關聯性，是否在不同個體間有不同的表現，譬如：甲班與乙班在這學期的學期成績表現差異，又或是班級中男女生的成績是否有所差異。本章的目的就是帶大家按照步驟來做多筆資料的資料分析。

表 7-1　單筆資料分析範例

資料範例	資料分析角度
國內近年汽車產值	趨勢變化
國內家庭所得	區間分布
台灣的 10 年失業率	趨勢變化
大學生每週看電視的時間	時間區間分布
國內汽車品牌銷售量	類別分布

第 1 節　關聯分析 (1) —— 散布圖和相關係數值

還記得前面章節討論過的銀行工作人員資料嗎？內容包含 474 位行員今年度的薪水，受教育的年度、性別及工作類型以及 5 年前的初始薪資 (表 7-2)。在探索資料間的關聯性前，記得先觀察其資料基本分布，也就是敘述統計分析。

針對類別資料與數字資料兩者的敘述統計觀察方向有所不同，對類別資料，我們想知道的是不同類型的變數分布情況，譬如：男女性別的分布、各種工作類型的人數各有多少。而在數字資料則著重在資料的各項統計數值水準，如以中位數及平均數即可觀察到初始薪資與 5 年後薪資的狀況 (表 7-3)。

表 7-2　銀行薪資表現

	A	B	C	D	E	F
1	編號	5年後薪資	受教育年度	初始薪資	性別	工作類型
2	1	57000	15	27000	Male	Management
3	2	40200	16	18750	Male	Administrative
4	3	21450	12	12000	Female	Administrative
5	4	21900	8	13200	Female	Administrative
6	5	45000	15	21000	Male	Administrative
7	6	32100	15	13500	Male	Administrative
8	7	36000	15	18750	Male	Administrative
9	8	21900	12	9750	Female	Administrative
10	9	27900	15	12750	Female	Administrative
468	467	32850	16	19500	Female	Administrative
469	468	55750	16	19980	Female	Management
470	469	25200	15	13950	Female	Administrative
471	470	26250	12	15750	Male	Administrative
472	471	26400	15	15750	Male	Administrative
473	472	39150	15	15750	Male	Administrative
474	473	21450	12	12750	Female	Administrative
475	474	29400	12	14250	Female	Administrative

值得注意的是，「受教育年度」在敘述統計的處理上，我們分別以類別資料型態與數字資料的方式處理，兩種敘述分析個別可看出不同的故事。因為不同長度的教育年限具有特殊意義，如 8 年是到中學程度 (美國的教育體制，小學為 5 年，中學 3 年)，以類別角度來看，可以得知中學畢業的員工有 53 人，高中畢業 (受教育年度為 12 年) 有 190 人，以此類推。而若從數字角度來看，則可了解銀行員工的受教育分布情況。在判斷我們的資料要用何種方式分析，將憑著分析者對資料的掌握以及認知。

以視覺化觀察變數的相關性──散布圖

要了解變數間是否具有關係，我們透過視覺化的方式來做初步的資訊觀察。散布圖為可觀察兩變數間的關係，也可掌握我們的資料是屬於線性 (Linear) 或是非線性 (nonlinear)(圖 7-1)，是正相關、負相關還是無相關 (找不出特定規則) (圖 7-2)。

【重點觀念補充】

為什麼判斷線性關係是重要的呢？因為迴歸分析是建立在線性關係的假設前提，當我們的自變數與應變數間不是線性的時候，或許該考慮迴歸以外的分析模式。而視覺化方式可以立即讓我們觀察變數間的相關情況。

表 7-3　敘述統計表

類別資料			數字資料				
變數	類別	人數	變數	平均數	中位數	變異數	最大值	最小值
性別	Male	258	初始薪資	17016.09	15000	7870.64	79980	9000
	Female	216	5 年後薪資	34419.57	28875	17075.66	135000	15750
工作類型	Management	84	受教育年度	13.49	12	2.88	21	8
	Administrative	363						
	Custodians	27						
受教育年度	8	53						
	12	190						
	14	6						
	15	116						
	16	59						
	17	11						
	18	9						
	19	27						
	20	2						
	21	1						

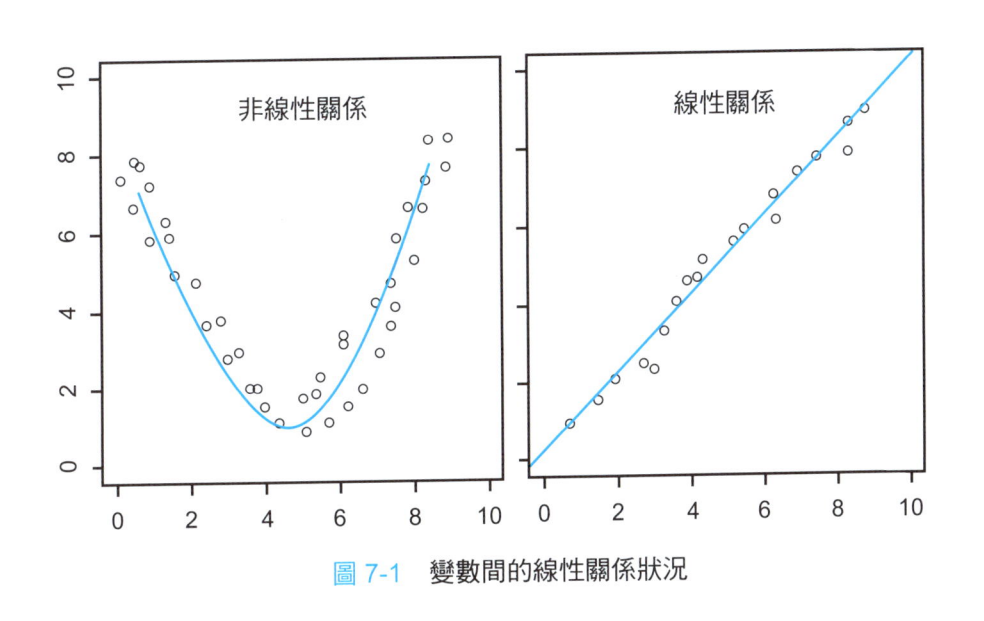

圖 7-1　變數間的線性關係狀況

圖 7-2　變數間的線性關係趨勢

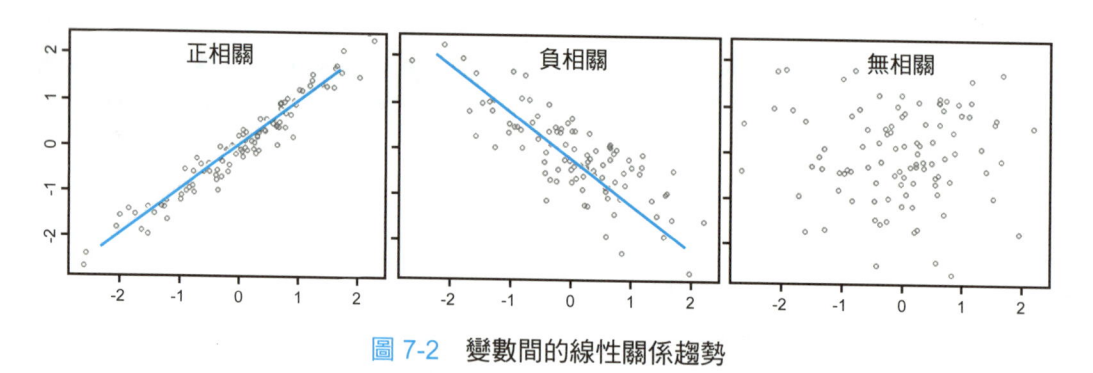

　　現在我們可以來看看資料的相關性，你認為教育程度與就業薪資有關嗎？在受教育過程中，常被灌輸學歷對於找工作是有極大的幫助。現在就用美國銀行的資料來觀察是否存在此種趨勢，圖 7-3 即是利用初始薪資與受教育年度兩變數來繪製散布圖。

　　我們可以發現受教育年度在 15 年以上與初始薪資才出現明顯的正相關趨勢，而在 15 年以下平均薪資的差異性就不太明顯。依據圖示結果，則可推論當教育程度在高中以下者的就業薪資在此銀行的薪資水準則未有明顯差異。

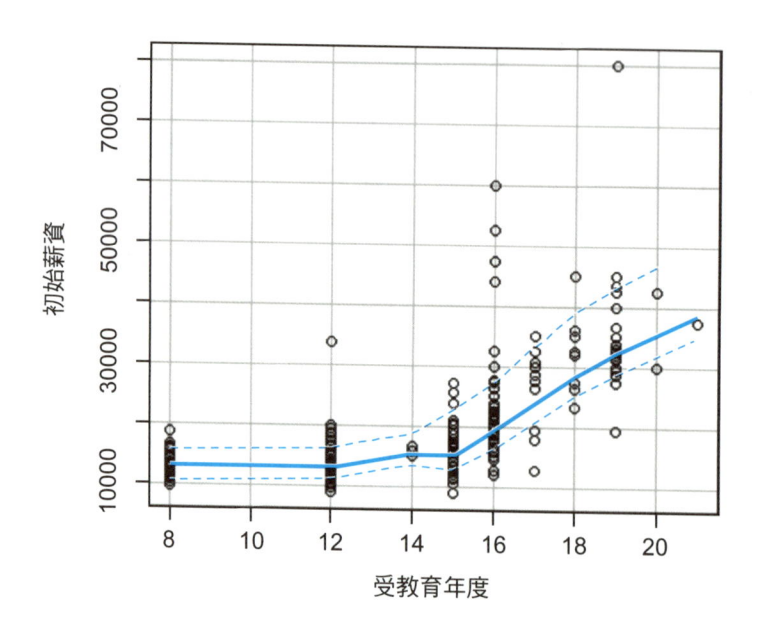

圖 7-3　受教年度與初始薪資散布圖

以統計資訊來觀察變數的相關性──相關係數

要探索兩變數間的相關性，在以視覺化的散布圖的初步觀察後，後續則可用統計資訊來得知兩變數的相關程度。Pearson 相關係數 (Correlation coefficient) 指標可計算出兩變數的相關性，公式如下所示，其中 X 與 Y 分別是我們想觀察的兩個變數，小寫的 x 與 y 為兩變數個別的觀察值，而與則為兩變數的樣本平均數。相關係數的目的在衡量兩變數間線性關聯性的程度，觀察 x 與 y 的離均值 (與平均數的距離) 是否同向變動，並透過標準化來將其調整到 +1 至 –1 之間。

$$\text{Corr}(X, Y) = \frac{\sum (x - \bar{x})(y - \bar{y})}{\sqrt{\sum (x - \bar{x})^2 (y - \bar{y})^2}}$$

兩變數間的相關係數會在 +1 至 –1 之間，當相關係數為 1 則表示兩變數間呈現完全正相關，–1 則表示 X 和 Y 為完全負相關，當相關係數為 0 時則表示兩變數無關。若以相關程度來看，可將相關係數取絕對值，當它越接近 1，則表示兩變數有高度相關。

我們將銀行人員薪資資料內的數字資料做相關係數分析 (表 7-4)，可發現「受教育年度」與「初始薪資」、「5 年後薪資」皆是正相關，但比較起來 5 年後的薪資表現與員工一開始的薪資有比較高的相關度。

思考題 我們可以只看相關係數，而免去做散布圖的步驟嗎？

為什麼散布圖的視覺化觀察是重要的？圖 7-4 呈現兩張散布圖，左側的胡蘿蔔散布圖相關係數較右側的散布圖來得高，但我們可以看到左側圖形明顯示人為製作的圖形，而非真實的資料，故散布圖的視覺化呈現是讓分析者首先掌握資料的狀況，是相當重要的前置步驟。

表 7-4　變數相關係數表

	5 年後薪資	受教育年度	初始薪資
5 年後薪資	1		
受教育年度	0.660559	1	
初始薪資	0.880117	0.633196	1

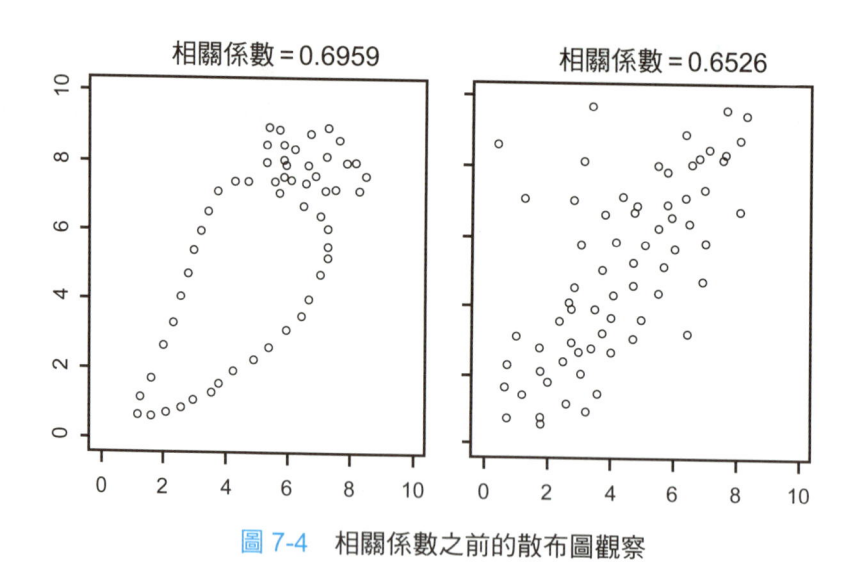

圖 7-4　相關係數之前的散布圖觀察

第 2 節　關聯分析 (2) —— 具有分類結構

當目標資料具有分類結構時，譬如：班上同學的期中期末統計成績，可搭配性別與有無補習等類別資料來觀察，若忽略資料的其他特性僅看成績，則可能錯估核心問題。當資料具有分類結構時，我們可透過繪製多群體散布圖及盒鬚圖來做簡單的視覺化資料比較。

將兩筆資料按照不同群體繪製成多群體散布圖(圖7-5)，善用標記符號的形狀，將可觀察及比較資料，如我們將「初始薪資」與「5 年後薪資」依照性別去繪製散布圖，可發現不同性別皆呈現正相關，惟女性的相對薪資有明顯較低的情況出現。

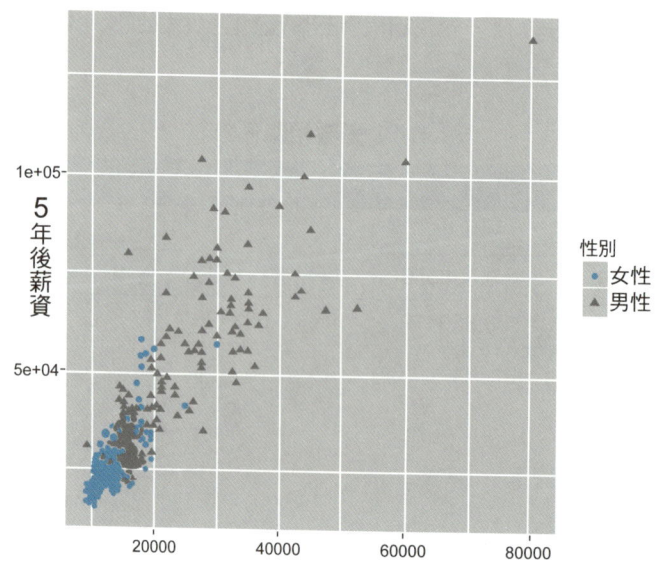

圖 7-5　多群體散布圖

多群體盒鬚圖 (圖 7-6) 的繪製在前面章節已有介紹過，請見「資料基本分析」章節，我們可以直接由盒鬚圖觀察不同群體的資料分布情況，並比較不同變數 (如初始薪資與 5 年後薪資) 在不同群體中 (如性別、工作類型) 的變化。如在管理職的部分，男女性的薪資水準差異較初始薪資小。

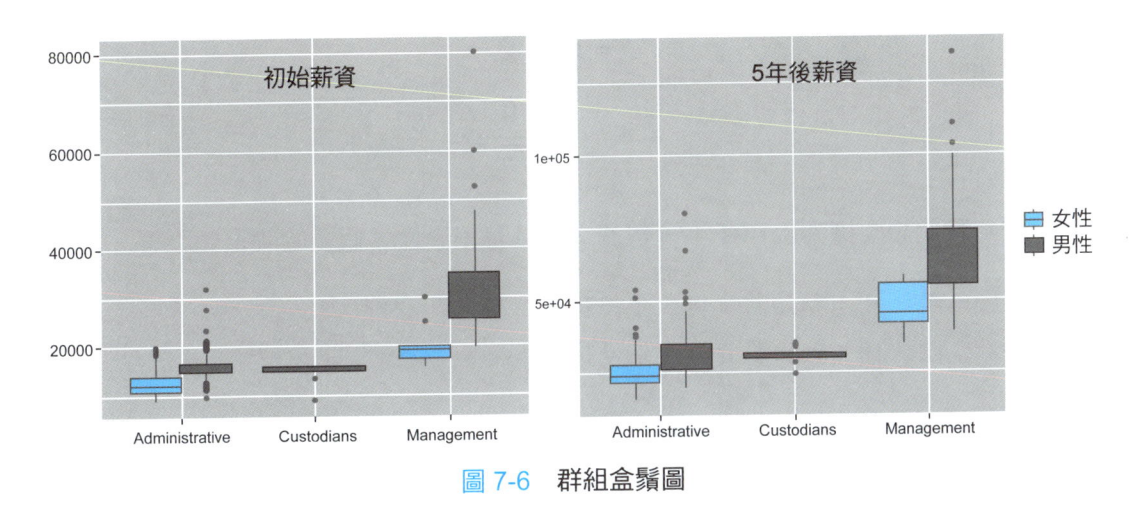

圖 7-6　群組盒鬚圖

後續我們還會利用平均數檢定的方式，來觀察單筆、多筆資料中不同群組的平均數差異。

第 3 節　成對樣本 T 檢定——檢定 2 筆資料是否一樣

薪資僵固性 (Sticky wage) 是在說明短期內薪資未有明顯的漲幅，在新聞報導中我們也常常可得到「薪水已經幾十年沒漲……」之類的相關訊息，現在我們就利用「銀行人員薪資表現」這筆資料來觀察。依據現有資料，我們可以比較的是「初始薪資」與「5 年後薪資」是否具有明顯差異，是否為兩筆不同的變數。這個資料型態是有兩筆變數 (圖 7-7)，變數下有各自的觀察值數目，而我們要做的工作則是判斷兩變數是否相等。

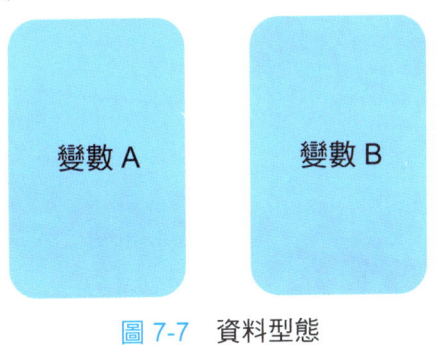

圖 7-7　資料型態

要檢定兩筆資料是否一樣，則利用**成對樣本 T 檢定** (Paired t-test)，這個檢定量是檢定 2 個相關的連續變數是否相等。公式如下，其中它設計了兩變數間的差額 D 是否為 0 的檢定，若檢定結果與 0 無差異，則代表兩變數在統計意義上來說是相同的，其中表示要比較之兩變數。

$$D = x_1 - x_2$$

$$t = \frac{\overline{D} - 0}{s_D / \sqrt{n}}$$

依照我們想要探索工作多年後薪資是否具有差異性，假設的設定如下：

虛無假設 H_0：初始薪資與 5 年後薪資相等
對立假設 H_a：初始薪資與 5 年後薪資非相等

運用不同軟體 (如 Excel、SPSS、R 等)，得到的檢定結果資訊會有些許差異，但主軸都會包含以下幾項，我們由 p- 值小於基準的 5% 的結果來看，檢定結果為拒絕虛無假設，代表初始薪資與 5 年後的薪資並非相等的，進一步由平均數的差額為正來看 (5 年後薪資──初始薪資)，在此銀行就業 5 年後薪資有明顯升幅。我們可將結果解讀為「根據成對樣本 T 檢定，在 5% 的顯著水準下，在此銀行工作 5 年後薪資有顯著提升。」

> $t = 35.036$
> p- 值 $< 2.2e - 16$
> 自由度 df = 473 (自由度為樣本觀察值 $n-1$)
> 平均數差額 (Mean of the differences) =17403.48

(e 為科學符號，在小數數值較長的時候，許多軟體會以此方式顯示)

第 4 節 獨立樣本 T 檢定 —— 檢定 1 筆資料內的 2 群分類是否一樣

薪資的性別差異長期以來是各國關注的問題，就連好萊塢明星都面對這項爭議，同工不同酬、玻璃天花板等都是探討女性在就業薪資、升遷機會都相較男性為低。是否我們的銀行員工也面對一樣的問題呢？這種型態的資料是在一個變數下，分為兩個群體 (圖 7-8)，要檢定兩個群體是否有差異，則須利用獨立樣本 T 檢定 (Independence sample t test)。

獨立樣本 T 檢定這個檢定量，是檢定一個連續變數 Y，依照分類變數內的類別分群，檢定此 2 群的 Y 是否相等。公式如下所示，其中 $\bar{x}_1$ 表示 y 資料中的分群 1 的樣本平均數，$\bar{x}_2$ 則為連續變數 Y 的分群 2 之樣本平均數。s_i^2 為兩群的樣本變異數，n_i 則為兩群的觀察值數。

$$t = \frac{\bar{x}_1 - \bar{x}_2}{\sqrt{\frac{s_1^2}{n_1} + \frac{s_2^2}{n_2}}}$$

依照我們想要探索男女性在初始薪資是否具有差異性，假設的設定如下：

H_0：男女生的起薪皆相等

H_a：男女生的起薪非相等

同樣的，我們由 p- 值小於基準的 5% 的結果來看，檢定結果為拒絕虛無假設，代表男女性的起薪非相等。結果可解讀為「根據獨立樣本 T 檢定，在 5% 的顯著水準，男女薪資有顯著不平等的現象。男性薪資顯著高於女性薪資。」

圖 7-8　資料型態

> 女性初始薪資平均：13091.97
>
> 男性初始薪資平均：20301.40
>
> $t = -11.987$
>
> $p\text{-}$ 值 $< 2.2e\text{-}16$
>
> 自由度 $df = 318$

(e 為科學符號，在小數數值較長的時候，許多軟體會以此方式顯示)

試作題 在工作了一段時間後，公司會否按照個人能力去給定薪酬，而非依照性別呢？試設定虛無假設，目的在觀察工作 5 年後的薪資是否存在性別差異。

第 5 節 ANOVA —— 多筆資料的比較與檢定

由前面兩節得知，T 檢定可以處理兩筆資料的差異性比較，但若現在我們要觀察三筆以上的資料時，譬如：

- ❖ 四種餵食方式對寵物體重的影響
- ❖ 三種衣著材料對人體適應氣候的影響
- ❖ 五種副食品對嬰兒睡眠的影響等

若僅用 T 檢定則僅能進行兩兩比較，無法比較多筆資料的差異。當面對多筆資料的比較與檢定時，則利用變異數分析 (Analysis of variance, ANOVA)，雖然它名為變異數分析 (表 7-5)，但同樣是針對平均數去做檢定分析的統計方法。在概念上，它去檢定每組觀察值的平均數是否相等，兩個假設設定如下：

$H_0 : \mu_1 = \mu_2 = \mu_3 = \cdots$

$H_a : \mu_i$ 不全相等

表 7-5 變異數分析範例

	組一	組二	組三	
	3	5	7	
	2	2	4	
	1	4	5	
	1	2	3	
	4	3	6	
組平均 / mean	2.20	3.20	5.00	總平均數 3.47
組變異數 / var	1.70	1.70	2.50	
組自由度	4	4	4	
組總變異 $=(n_i - 1)s_i^2$	6.8	6.8	10	

在統計檢定上，它是利用 F 檢定統計量，F 檢定統計量是在考慮每自由度平均組間與組內變異的比例差額去計算而得。其中，總變異 (SST) 由組間均差變異 (SSB) 與組內均差變異 (SSW) 加總。

$$SST = SSB + SSW$$

以上述三組數值來說，平均組內變異為三組「組變異數」加總而得。總變異則為每個觀察值與總平均數的平方差異 (表 7-6)。

> 【統計概念】
>
> 以下為平方和之統計概念，其中 SSB 及 SSW 之計算方式如下所列，n_i 為各組的觀察值數，$\bar{Y_i}$ 為各組平均數，$\bar{\bar{Y}}$ 為總平均數，s_i^2 則為各組變異數。
>
> 組間均差變異 SSB = $\sum_{i=1}^{k} n_i(\bar{Y_i} - \bar{\bar{Y}})^2$
>
> 組內均差變異 SSW = $\sum_{i=1}^{k} (n_i - 1)s_i^2$

同樣的，ANOVA 可以處理一筆資料內的多種類型平均數檢定 (概念同獨立樣本 T 檢定)，也可以多群體資料的平均數檢定，分別是以單因子變異數分析 (One-way ANOVA)、多因子變異數分析 (Multi-way/Factorial ANOVA) 來處理，以下我們就來看看它們的分析內容。

單因子變異數分析

單因子變異數分析 (One-way ANOVA) 檢定 1 個連續變數 Y，依照分類變數內的類別分群 (如：居住地)，檢定此多群 Y 的平均數 (Mean) 是否相等。以我們的銀行員工薪資案例來說，觀察不同職位別薪資差異時，由敘述統計表 (表 7-3) 可得知銀行內人員總共有三種類別的職位，管理職 (Management)、行政職 (Administrative)、保全 (Custodians)，若要比較不同職位的薪資水準是否相同，則可利用單因子變異數分析 (表 7-7)。

表 7-6　變異數分析統計概念

平方和（Sum of square）	自由度 (Df)	每自由度平均變異
SSB (組間均差變異)	20.13	3 -1 = 2	10.067 (MSM = SSM/DF)
SSW (組內均差變異)	23.60	12	1.967 (MSR = SSR/DF)
SST (總變異)	43.73		
		F = 5.12 (MSM/MSR)	

表 7-7　單因子變異數分析結果

	自由度 Df	Sum Sq	Mean Sq	F value	Pr(>F)
工作類型	2	1.793e+10	8.963e+09	371.1	<2e-16

H_0：三種職位的起薪皆相等

H_a：三種職位的起薪非相等

我們由 p- 值小於基準的 5% 的結果來看，檢定結果為拒絕虛無假設，三種職位的起薪並非相等。搭配三種職位的平均起薪資訊來觀察，管理職的平均薪資是相對較高的 (表 7-8)。若要以統計證據來說明管理職的起薪較其他兩者為高，則可搭配平均數的成對比較，即兩種職位起薪的 T 檢定即可得知。

多因子變異數分析

多因子變異數分析 (Multi-way/Factorial ANOVA) 檢定 1 個連續變數 Y，依照多個分類類別，譬如：居住地與省籍、職位與性別，檢定此多群 Y 的平均數是否相等，觀察不同結構群的資訊之差異。

思考題　為什麼資料的結構層是重要的呢？

譬如，抽樣 100 位同學將他們的英文成績依照性別進行歸類，我們發現男同學的成績遠低於女同學，但這樣的解讀容易出現什麼偏誤呢？答案是，我們可能忽略了資料本身的多層結構，進一步觀察，發現我們 100 位同學中有 40 個男生來自中文系，60 個女生來自外文系，這對他們的英文成績表現是有一定的影響，這也表現資料群組結構辨認的重要性。

在假設設定上，以我們的銀行員工薪資資料來看，多因子變異數分析是在群組前提下 (如性別)、去檢定另一群組的平均數差異，如三種職位在起薪的表現 (圖 7-9)。

表 7-8　不同職位的相關敘述統計

	管理職	行政職	保全
平均數	30257.86	14096.05	15077.78
標準差	9980.979	2907.474	1341.235
觀察值數	84	363	84

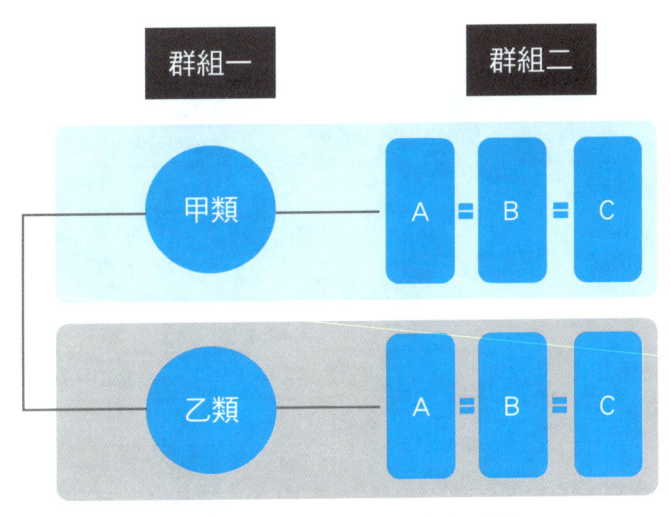

圖 7-9　多因子變異數分析概念圖

在虛無假設的設定上，我們同時檢定兩個條件，虛無假設的設定如下：

在男性群體中，三種職位的起薪相等

在女性群體中，三種職位的起薪相等

在多因子變異數分析結果中，我們特別關注交叉項的效果，如表 7-9，表中粗框部分是同時檢定上面兩個條件的 F 檢定，就是 28.358。而由 p- 值小於基準的 5% 的結果來看，檢定結果為拒絕虛無假設，亦即可得到「根據多因子 ANOVA 檢定，職位薪資的差異，依照性別分類檢定，在 5% 的顯著水準，指出「不同性別下皆有職位薪資不等」的現象。

搭配三種職位與不同性別的相關敘述統計，也可進一步比較男女性及不同職位的起薪表現 (表 7-10)。

表 7-9　多因子變異數分析結果

	Sum Sq	自由度 Df	F value	Pr(>F)
工作類型	1.3278e+10	2	333.125	< 2.2e-16
性別	1.4633e+09	1	73.422	< 2.2e-16
工作類型：性別	5.6516e+08	1	28.358	1.567e-07

表 7-10　層次敘述統計資訊

平均數		
	女性	男性
管理職	20121.00	31627.70
行政職	12750.75	15861.21
保全	NA	15077.78
標準差		
管理職	4252.342	1341.235
行政職	2391.056	2564.694
保全	NA	1341.235
觀察值		
管理職	10	74
行政職	206	157
保全	0	27

按照我們的範例，目前只分析兩個資料群組，實際上，多因子變異數分析可執行多項層級檢定，多個分組。在分析之前，須注意的是，研究者應該判斷，何種因子可能影響我們的應變數，而非將全部分組都納入分析中，譬如說：對賣場服務人員的人員起薪來說，人員的家中人口數則可能沒有影響，考量變數的影響度不納入分組分析中。

第 6 節　Excel 試作

本章節資料分析也都可利用 Excel 完成，除了以統計基準去帶入分析，如自行計算 F 值與 T 值之外，利用增益集功能「資料分析」則可更迅速且便利的完成相關分析。以下則介紹各種分析的 Excel 操作內容。

敘述統計分析

在進一步的資料分析前，首先要對變數進行相關敘述統計分析。數字資料可利用資料分析功能中的【敘述統計】，並輸入數字資料範圍，勾選【摘要統計】，則 Excel 會產出平均數、變異數等各種資訊 (圖 7-10)。

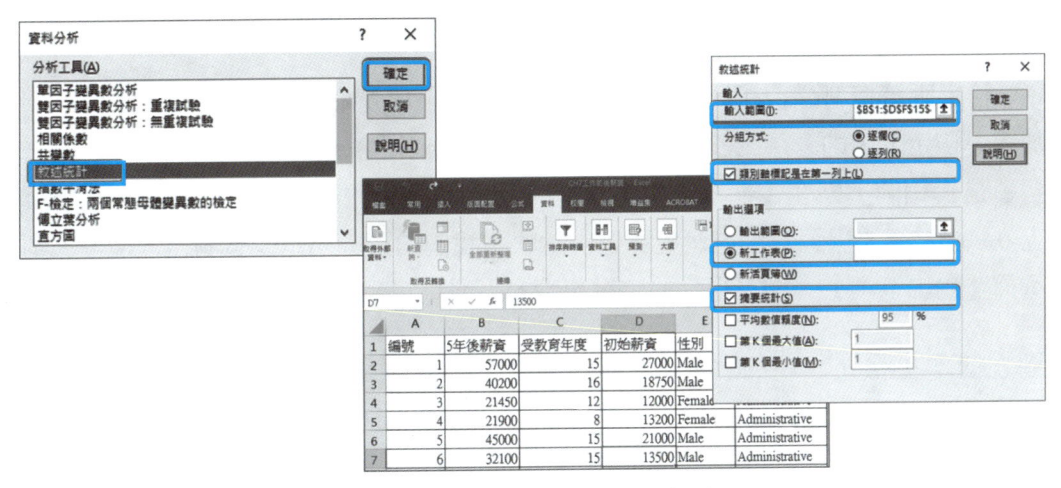

圖 7-10　數字資料敘述統計分析步驟

　　若我們的資料是類別資料，在前述章節的樞紐分析表，可以協助我們對類別資料的各個觀察值與變數的交叉關係有所了解，相關操作請見第二、三章之內容。

關聯分析 ── 相關係數分析

　　對兩筆以上數字資料進行相關分析，則在資料分析功能窗中選取【相關分析】，則會跳出相關係數設定窗格。以我們的資料來說，將初始薪資、5年後薪資、受教育年度等 3 筆數字資料納入分析中，則在【輸入範圍】中框選三筆資料範圍，勾選【類別軸標記是在第一列上】則 Excel 會自動辨別三筆變數的名稱。最後，則選擇【輸出選項】，即可得到三變數的相關係數表格結果 (圖 7-11)。

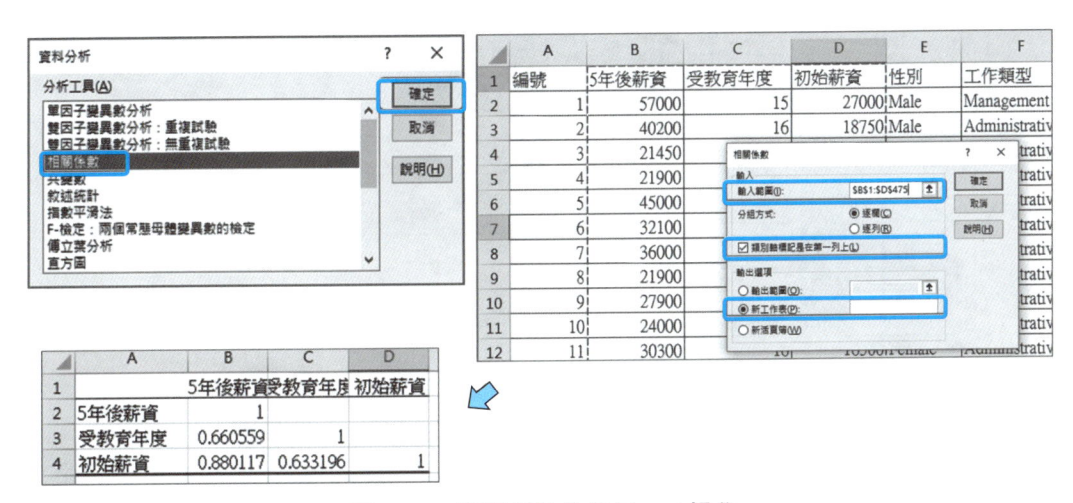

圖 7-11　相關係數分析 Excel 操作

成對樣本 T 檢定 —— 檢定 2 筆資料是否一樣

檢定兩筆資料是否相同，則在資料分析功能窗中選取【t 檢定：成對母體平均數差異檢定】，則會跳出設定窗格。以我們的資料來說，要觀察初始薪資、5 年後薪資是否相同，則在【輸入】中框選兩筆資料範圍，並於【假設的均數差】中填上 0，並勾選【標記】，這個步驟是告訴軟體我們的第一列是變數名稱。最後，則選擇【輸出選項】，即可得到檢定結果資訊 (圖 7-12)。

獨立樣本 T 檢定 —— 檢定 1 筆資料內的 2 群分類是否一樣

要檢定單一樣本中兩分群資料是否相等，因 Excel 的資料分析功能無法判斷類別資料，所以原有的資料格式不適用，在進行 Excel 分析之前，首先要進行資料整理 (圖 7-13)。

我們主要觀察的變數為初始薪資，要檢定不同性別在起薪是否有差異，則先將資料分為男性、女性兩欄，可利用 Excel 的【篩選】功能去將資料分隔。當然，資料長短會因不同性別的觀察值數有所不同。

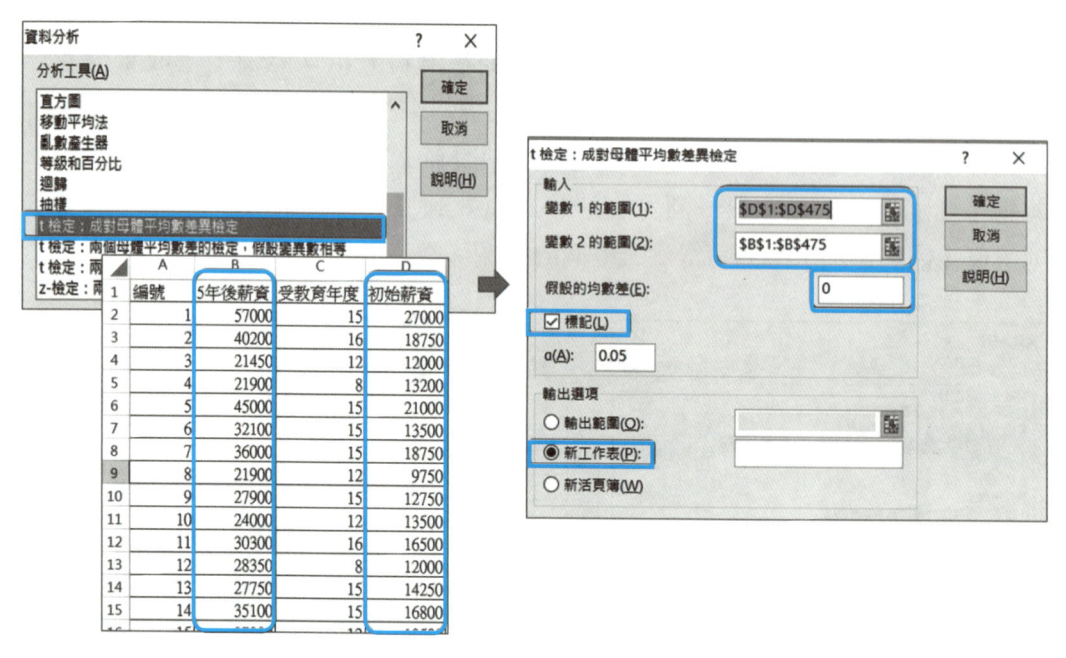

圖 7-12　成對樣本 T 檢定 Excel 操作

7 多筆資料分析

圖 7-13　獨立樣本 T 檢定前的資料整理

　　接下來則針對男女性起薪差異進行檢定。在資料分析功能窗中選取【t 檢定：兩個母體平均數差的檢定，假設變異數相等】，選取變異數相等的原因在於男女性皆是來自同個母體，其變異數為相同，故選之。以我們的資料來說，要觀察初始薪資男女性的差異，則在【輸入】中框選兩筆資料範圍，並於【假設的均數差】中填上 0，並勾選【標記】，同樣的，這個步驟是告訴軟體我們的第一列是變數名稱。最後，則選擇【輸出選項】，即可得到檢定結果資訊 (圖 7-14)。

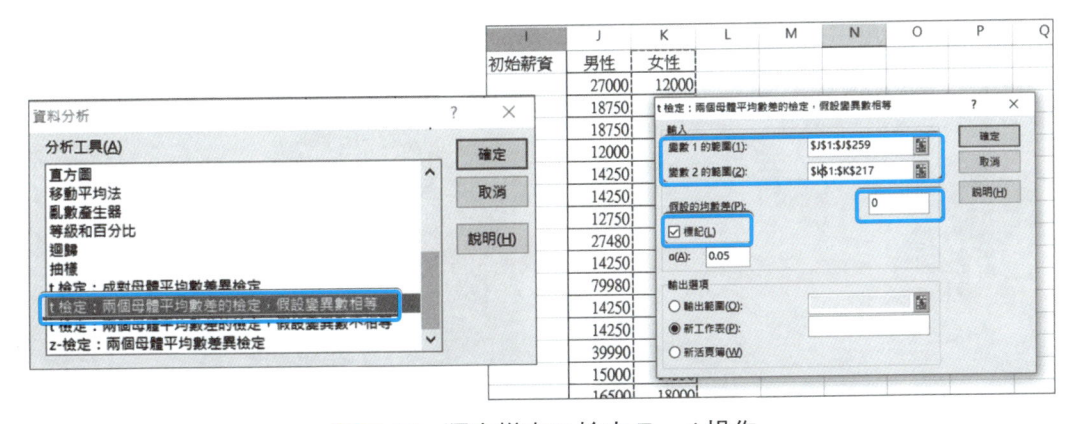

圖 7-14　獨立樣本 T 檢定 Excel 操作

單因子變異數分析

單因子變異數分析，是針對同一筆資料的不同群組間的平均數檢定是否相同。在進行單因子變異數分析時，首先也需經過資料整理，以我們的銀行員工薪資例子來說，要判斷不同職位的起薪是否相同，則須將不同職位資料分欄，同樣可利用 Excel 的【篩選】功能去將資料分隔 (圖 7-15)。當然，資料長短會因不同職位的觀察值數有所不同。

原始資料

初始薪資	性別	工作類型
27000	Male	Management
18750	Male	Administrative
12000	Female	Administrative
13200	Female	Administrative
21000	Male	Administrative
13500	Male	Administrative
18750	Male	Administrative
9750	Female	Administrative
12750	Female	Administrative
13500	Female	Administrative
16500	Female	Administrative
12000	Male	Administrative
14250	Male	Administrative
16800	Female	Administrative

整理後資料

初始薪資	Management	Administrative	Custodians
	27000	18750	13500
	27510	12000	14100
	27480	13200	15000
	79980	21000	15000
	45000	13500	9000
	39990	18750	15000
	30000	9750	15000
	23730	12750	15000
	26250	13500	15000
	21750	16500	15000
	26250	12000	15000
	21000	14250	15000
	30000	16800	15000
	21240	13500	15750

圖 7-15　單因子變異數分析前的資料整理

接下來則針對不同職位起薪差異進行檢定。在資料分析功能窗中選取【單因子變異數分析】。以我們的資料來說，要觀察不同職位起薪的差異，則在【輸入】中框選三筆資料範圍，並勾選【標記】告知軟體第一列為變數名稱，其中可以注意的是，在【分組方式中】預設為欄，代表為欄資料間的比較。最後，則選擇【輸出選項】，即可得到檢定結果資訊 (圖 7-16)。

多筆資料分析

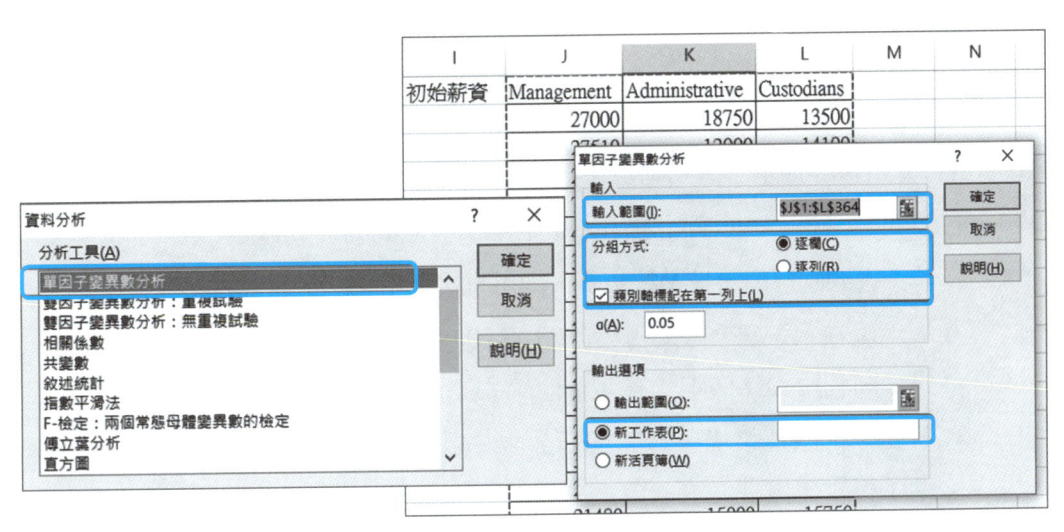

圖 7-16　單因子變異數分析 Excel 操作

多因子變異數分析

在 Excel 中，在資料分析功能中雖有雙因子變異數分析，然而，受限於軟體設計，各群組的觀察值必須相同才可操作，本次應用資料不適用 (因每個職業的人數不同)，若有需要者，則可利用統計基礎概念去進行運算，或利用其他統計軟體 (如 R、SPSS) 做簡單點選分析。圖 7-17 則列舉多因子變異數的分析概況。依照資料特性，若要觀察前述兩因子間的交叉影響則需選擇【雙因子變異數分析：重複試驗】進行分析。

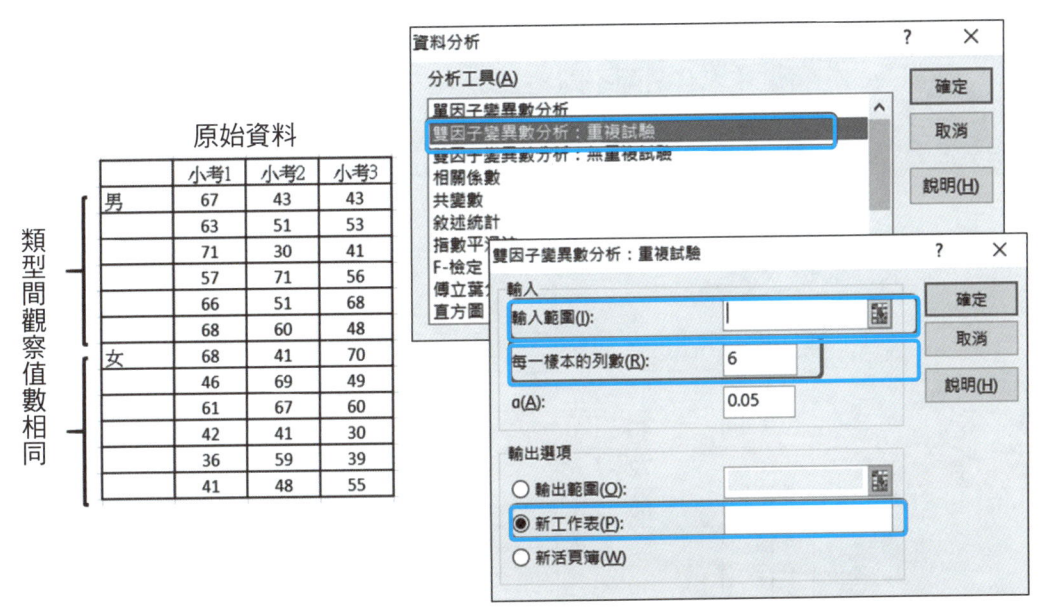

圖 7-17　多因子變異數分析 Excel 操作範例

本章作業

1. 資料分析概念釐清！請判斷以下的資料分析作法為錯誤或正確的。

    (1) 變異數分析 (ANOVA) 是用來檢定兩個變數間的變異數是否一致。

    (2) 若手邊的兩個變數是數據資料，則可直接利用相關係數表判斷兩者關係。

    (3) 當我現在有一筆英文成績資料，要觀察男女同學的表現是否有明顯差異，則利用獨立樣本 T 檢定。

    (4) 若要分析四種環境營造對品新農場牛乳的品質影響，則可利用配對樣本 T 檢定來處理。

2. 請判斷以下想要研究的內容，應該搭配何種分析，是 T 檢定或是變異數分析，且各使用哪種分析模組較為適當 (如獨立樣本 T 檢定、單因子變異數分析等)？

    (1) 想要判斷三種音樂對於公司員工的工作效率是否有差異性的影響。

    (2) 欲觀察居住地區與性別對於商品購買數量行為的差異性分析。

    (3) 判斷職業是否為行政，對於文具用品消費行為模式差異分析。

    (4) 觀察補習前後的英語成績是否有顯著影響。

    (5) 判斷不同性別下的生活習慣對於體重是否有顯著影響。

3. 福德汽車請了三個經銷商 (美和、德運、五運)，他們在今年 12 個月的銷售量 (輛) 如下。福德現在要檢視三個經銷商的銷售績效，判斷是否不同經銷商的銷售量並未有明顯不同。

月份	美和	德運	五運
1	47	65	43
2	65	74	53
3	55	79	41
4	52	81	56
5	37	78	68
6	54	80	48
7	40	83	70
8	72	54	49
9	65	62	60
10	55	78	30
11	40	41	39
12	38	66	55

(1) 請說明虛無假設與對立假設設定。

(2) 請將檢定結果列出並解讀之。

4. 為了觀察台灣的薪資環境是否存在地區、性別差異，小明進行抽樣調查，北中南各調查了 12 工作職位為專案管理的民眾。請判斷在考量性別與地區間，各地民眾的薪資水準是否相同。

性別	北	中	南
男	32000	24860	22121
男	43154	25015	24919
男	28430	30018	26926
男	32670	25825	29963
男	29860	32926	27907
男	37256	35103	24120
女	31520	25402	30712
女	27480	22446	26560
女	26980	22541	27025
女	31460	26007	27294
女	36540	30696	20102
女	56720	27090	25224

(1) 請判斷應該利用什麼統計方法來進行分析，為什麼？

(2) 請說明虛無假設設定。

(3) 請利用 Excel 進行分析，並依據產出結果進行解讀。

(4) 若不同地區與性別的人員薪資不相等，該如何進一步分析哪個地區或是哪種性別的薪資有明顯較高？

5. 小美想要確認補習對學生數學成績的提升是否真的有幫助，故觀察了 15 位學生補習前後的成績差異如下。

補習前	61	63	59	46	55	63	67	63	72	60	47	47
補習後	64	60	71	52	58	65	67	62	71	62	54	60

(1) 請先觀察補習前後分數的相關情況。

(2) 請檢定補習前後成績是否有明顯差異。

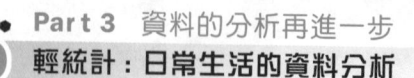

6. 牛奶對於成長期的小朋友是否真的有幫助呢？抽樣各地 3 年級小學學生，統計他們的身高（公分），並調查是否有喝牛奶，資料如下。

有喝牛奶	125	119	118	135	105	119	93	91	101	127	117	131
未喝牛奶	118	131	124	127	131	97	118	125	94	107	90	133

(1) 請說明虛無假設設定。

(2) 請檢定是否有喝牛奶對於小學 3 年級學生身高是否有明顯差異。

第 8 章

期望值不再固定——
條件期望值和迴歸方法

　　統計學習是希望從資料中找出規則進行預測，對研究者來說，期望值就是希望所觀察的隨機現象，具有一個集中位置能掌握數據的特徵，但是否所有現象都有固定的平均數或期望值呢？

　　我們來觀察一筆資料，對電商網來說，當然會希望客人購買的金額越多越好，在結帳時消費者也可看到許多誘人的加購商品，客人感覺撿到便宜，而商家則增加營業收入。表 8-1 即為一家主要販賣小飾品給中小學生的「優購」網路商家，近期 250 位顧客的結帳情況，試圖觀察客人加購的行為模式，哪些因素會影響加購金額的差異，除了消費與加購金額之外，也記錄顧客的性別、首次購物與否、消費的時間與購買的商品數，如表 8-1 所示。

表 8-1　優購電商加購金額資料內容

	A	B	C	D	E	F	G	H
1	編碼	帳單金額	加購金額	性別	首次購物	購物日	時段	購買商品數
2	1	445	91	F	N	Sun	Night	2
3	2	647	118	M	N	Sun	Night	2
4	3	310	50	F	N	Sun	Night	3
5	4	489	111	M	N	Sun	Night	3
6	5	509	105	F	N	Sun	Night	3
7	6	620	101	M	N	Sat	Night	3
8	7	538	122	M	N	Sat	Night	2
9	8	609	83	F	N	Sat	Night	2
244	243	535	53	M	N	Sat	Night	2
245	244	563	90	F	N	Thu	Night	2
246	245	672	60	F	Y	Sun	Night	2
247	246	345	90	M	Y	Sun	Night	4
248	247	382	141	M	N	Sun	Night	4
249	248	245	60	M	N	Sun	Night	2
250	249	670	74	F	N	Fri	Day	4
251	250	533	98	M	N	Fri	Day	2

在這筆資料中，我們主要想知道的是客人的「加購」行為的影響因子，而「加購金額」也就是被解釋變數的角色。

首先，我們針對這筆資料做簡單的敘述統計及視覺化分析。由表 8-2 的敘述統計表可發現平均加購金額為 89.9 元。加入中位數 87 元來觀察，平均數與中位數相當近似，但這可說明平均數就是個好的預測資訊嗎？若搭配最小值、第一、第三分位數及最大值則可察覺，整體資訊的分布並未均等。

表 8-2　加購金額資料敘述統計表

	平均數	標準差	最小值	25%	50%	75%	IQR	最大值	觀察值
加購金額(元)	89.90	41.24	30	60	87	106.5	46.50	300	250

進一步，我們用視覺化分析來觀察。圖 8-1 呈現描述加購金額這筆資料的四種特性。

「次數分配直方圖」呈現出加購金額集中在 50~150 元這個區域，而「盒鬚圖」則說明了整筆資料呈現右偏，搭配離群值的數量不在少數，也顯示其離散度相當大。另外兩個圖形則分別是機率密度圖與分量 QQ 圖。「機率密度圖」顯示加購金額資料並非只有一個高峰，若僅用期望值來進行預測，恐怕不是推測客人加購多少金額的好方法。「分量 QQ 圖」則會顯示資料若是常態則會貼合理論畫出的直線 (點點是觀察值)，當貼合直線時，則用常態分布理論的樣本平均數與標準差就能有效預測資料。

整體來說，要預測客人加購的情況，如果我們僅用「平均每人加購 89 元」來說明則不適合，在這個案例中樣本平均數不會是個好的預測值。

第 1 節　迴歸分析

在上一章中，我們介紹了相關係數的概念，描述兩個變數間的相關程度，當能找到一個公式來描述兩者關係，就是簡單迴歸的概念。如廣告量與銷售額，由過去經驗，可知道每個月的鞋子銷售額度與廣告成本有直接相關，則廣告成本 (解釋變數) 就可用來預測鞋子的銷售額 (被解釋變數)。

當影響鞋子銷售額的因素變多了，要預測它的走勢，則需要更多的資訊，如我們可能會納入目標消費者的收入，競爭者的數量等因素，當考慮多個因子對被解釋變數的影響時，則為多元迴歸概念。以下則分別介紹之。

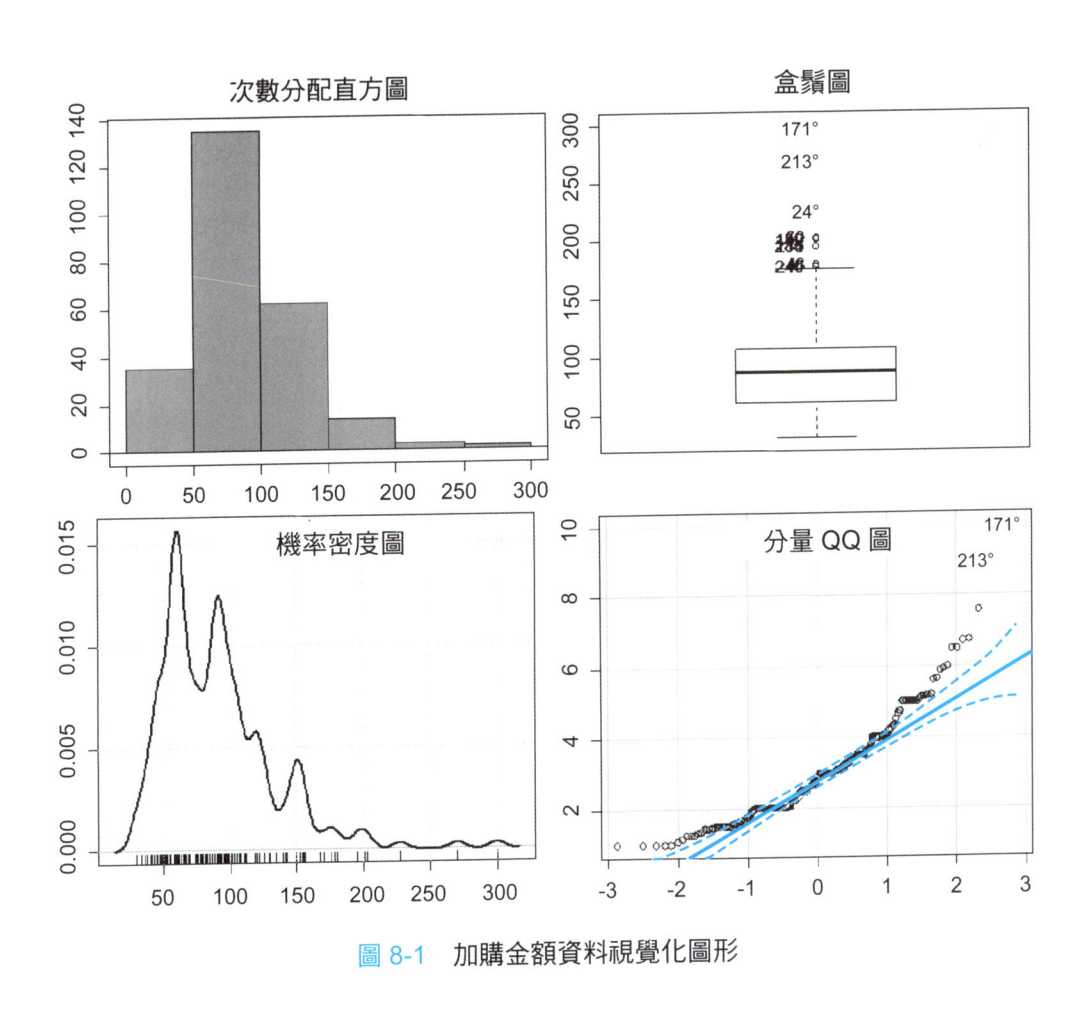

期望值不再固定——條件期望值和迴歸方法　8

圖 8-1　加購金額資料視覺化圖形

> **觀念提醒**　樣本平均數在資料分布並非常態時，並非是好的預測值。

簡單迴歸——單一解釋變數

當被解釋變數與「單一解釋變數」間利用一個公式，用一條最適合的直線，來表現出兩者的關係時，則是簡單迴歸的概念，這在高中數學就介紹過了。公式可寫作：

$$y = a + b(x) + e$$

y 是被解釋變數，x 是解釋變數，y 會隨著 x 變動。譬如說，假設加購金額完全取決於購物金額，當你買得越多，在結帳時，也會等比例加購相關商品。截距項 a 與 b 是未知需要估計的參數，而 e 則是殘差，代表預測與實際值仍會存在差異點（圖 8-2）。當解釋變數與被解釋變數間的關係為完全相關，則殘差值為 0，也代表可利用解釋變數來完全預測被解釋變數。

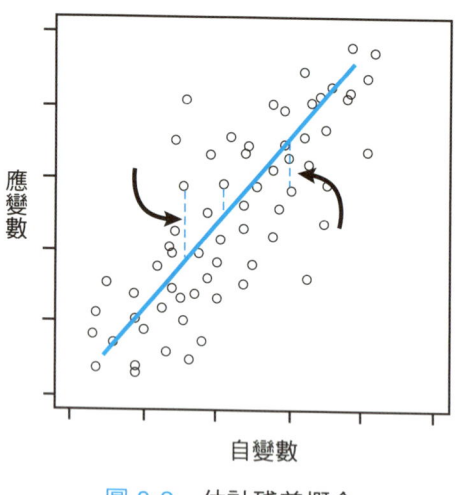

圖 8-2　估計殘差概念

在迴歸式 $y = a + b(x) + e$ 中，a 與 b 的統計計算公式如下：

$$b = \frac{\sum_{i=1}^{n}(x_i - \bar{x})(y_i - \bar{y})}{\sum_{i=1}^{n}(x_i - \bar{x})^2} \quad a = \bar{y} - b\bar{x}$$

觀念提醒 我們可能想要問，那這條線是怎麼決定的呢？散布圖上的每個觀察值與直線距離加總，總距離最短時，則代表這條線最能表現出兩筆資料的關係。

利用不同軟體產出的統計表格會有些許差異，但大多包含幾項資訊，如表 8-3，截距（常數項）也就是 a，估計結果為 28.88，而帳單金額的係數則是 b（=0.10）。另外，還會搭配一個 ANOVA 表格（表 8-4），讓我們診斷迴歸模型是否顯著，若有兩個模型也可利用 ANOVA 資訊比較哪個迴歸比較好。

表 8-3　簡單迴歸範例

模式	係數 (Coefficient)	標準誤 (Std.Err)	t 統計量 (t-Statistic)	P-值 (Prob.)
應變數：加購金額				
截距（常數）	28.88	4.76	6.06	0.00
帳單金額	0.10	0.01	14.04	0.00
R^2	0.443		標準誤	30.847
調整的 R^2	0.440		觀察值個數	250

表 8-4　模型 ANOVA

	自由度 (df)	SS	MS	F	顯著值
迴歸	1	187463.23	187463.23	197.01	0.00
殘差	248	235988.06	951.56		
總和	249	423451.30			

多元迴歸──多個解釋變數

當我們所關注的現象並非受到單一因素影響，也就是解釋變數不只一個時，則屬於多元迴歸的分析。公式可寫作：

$$y = a + b_1(x_1) + b_2(x_2) + \ldots + b_i(x_i) + e_i$$

同樣地，a 與 b_i 是未知需要估計的參數，而 e_i 則是殘差，代表預測與實際值仍會存在差異點。以加購金額資料來說，什麼會影響結帳時的加購行為呢？我們將帳單金額與購買商品數納入考量，設計以下的迴歸式。

$$加購金額 = a + b_1(帳單金額) + (購買商品數) + e_i$$

模式	係數 (Coefficient)	標準誤 (Std.Err)	t 統計量 (t-Statistic)	P- 值 (Prob.)
		應變數：加購金額		
截距 (常數)	19.98	5.78	3.46	0.00
帳單金額	0.09	0.01	10.04	0.00
購買商品數	6.59	2.48	2.66	0.01
R^2	0.458		標準誤	30.478
調整的 R^2	0.454		觀察值個數	250

觀念提醒 加入越多的解釋變數，並非一定會讓迴歸的配適度增加，簡單來說，「越多解釋變數不代表對迴歸模型越好」。

有時我們的資料可能相當多元，但並非將所有變數都考慮在內就是好的模型，變數間可能有相互影響的問題，就像要探索影響國家經濟成長率的因素，將進出口、民間消費、外匯存底、失業率、通貨膨脹等等所有有關變數皆放入模型之中，雖然 R 平方可能相對較高，但忽略變數間的相互影響，或是變數的必要性，則未必是好的配適模型。那要怎麼設計出好的模型呢？則是需要研究者多嘗試，且確認「變數的必要性」及「觀察不同變數間對迴歸模型的影響」，進而找出最適合的模型，在預測上也較能事半功倍。

第 2 節　預測

利用迴歸分析來解釋變數間的關係，主要目標就在於利用過去資料去預測未來。而依據估計的狀況，可將預測分為兩個類型，一是點估計，二是區間估計，這邊利用簡單迴歸的範例來說明。

📁 對 y 的點估計

針對 x 與 y 的關係，依據前述，我們找到一條適合的直線方程式來呈現，每點 x 會對應一個 y，顯示 y 的狀況是在 x 的條件前提下，例如帳單金額 (x) 是 540 元時，加購金額 (y) 是 54 元，這是理想的狀況，主要是在特定 x 下，對 y 的平均數進行估計，y 的期望平均值可寫作 $\mu_{y|x} = E(y|x)$。

依據表 8-5 的估計結果，我們可列出以下的關係式：

$$y = a + b(x)$$

加購金額 = 28.88 + 0.1 ×（帳單金額）

而模型估計的結果可以解讀如下：

> 依照簡單線性模型估計結果，在 5% 顯著水準下（搭配 P 值觀察），帳單金額與加購金額呈現正相關（因為估計出的係數為正），當帳單金額越大，則加購金額越多。平均上，當帳單多一元，加購金額則會多 0.1 元。

這是我們利用樣本資訊推估母體的狀況，也是預測的結果。但實際上的觀察值表現，同樣是帳單金額 540 元，也可能有多種加購金額的差異，可能是 30 元、60 元，這些金額與預測值 54 元的差異，就是估計殘差。

表 8-5　迴歸預測概念解讀範例

模式	係數 (Coefficient)	標準誤 (Std.Err)	t 統計量 (t-Statistic)	P-值 (Prob.)	信賴區間上限	信賴區間下限
應變數：加購金額						
截距（常數）	28.88	4.76	6.06	0.00	19.50	38.27
帳單金額	0.10	0.01	14.04	0.00	0.09	0.12

【資訊補充】

一般來說，在統計報表中，也會帶出信賴區間上下限的資訊(如表 8-5)，是指我們估計的參數(如 a 與 b)值符合目標機率(如 95%)水準下，給定觀察值的數值，對母體的最佳估計。更白話的說，就是在此參數範圍之內，有 95% 的水準，y 與 x 的關係是對母體的最好估計。

公式寫作如下，$\hat{y}$ 是估計值，t 為特定信任水準之下的臨界值(Critical value)，$S_{\hat{y}}$ 則為估計係數的標準差。

應變數的估計值 $\hat{y}$ 的信賴區間：

(信賴區間上限，信賴區間下限) $= \left(\hat{y} - t_{n-2,\frac{\alpha}{2}} \times S_{\hat{y}}, \hat{y} + t_{n-2,\frac{\alpha}{2}} \times S_{\hat{y}} \right)$

對 y 的區間估計

點估計是以單點(y 的期望平均值)作為預測的基準，而區間估計，顧名思義，就是給定一個區間的預測模式。在統計概念上，區間估計式如下：

(信賴區間上限，預測區間下限) $= \left(\hat{y} - t_{n-2,\frac{\alpha}{2}} \times S_{(y-\hat{y})}, \hat{y} + t_{n-2,\frac{\alpha}{2}} \times S_{(y-\hat{y})} \right)$

利用區間估計成果較點估計更具有彈性，它考慮資料的變異性，以範圍來估計被解釋變數的可能狀況。

第 3 節 檢定

在第五章時，我們有簡單介紹過迴歸的檢定原理。現在利用簡單迴歸進行說明。迴歸估計完後的還有一個重要步驟，觀察檢定量。

迴歸產出表格中，會包含 t 統計及 p 值，可用來觀察解釋變數(帳單金額)是否顯著影響應變數(加購金額)，表 8-6 將迴歸估計係數完整呈現，讓大家可更清楚的了解 t 統計量的內涵。

表 8-6 迴歸預測概念解讀範例

模式	係數(Coefficient)	標準誤(Std.Err)	t 統計量(t-Statistic)	P- 值(Prob.)
應變數：加購金額				
截距(常數)	28.88164372	4.764763868	6.06	0.00
帳單金額	0.103279725	0.007358278	14.04	0.00
R^2	0.443		標準誤	30.847
調整的 R^2	0.440		觀察值個數	250

估計模型結果可寫作：

$$y = a + b(x)$$
$$y = 28.88 + 0.1(x)$$

要觀察帳單金額是否有顯著影響加購金額，在這邊做的虛無假設設定，是**要檢定 b 是否為 0，當它為 0 則代表解釋變數 (x) 對被解釋變數 (y) 是沒有影響的。**而這裡的 t 檢定量計算公式如下：

$$H_o : b = 0 \qquad H_a : b \neq 0$$

$$t \text{ 統計量}(t-Statistic) = \frac{b-0}{\text{Std. Err (標準誤)}} = \frac{0.103279725}{0.007358278} = 14.04$$

搭配 P 值觀察可得知，在 5% 顯著水準下，拒絕虛無假設 H_0，顯示其不為 0，這時我們就可以說我們估計出解釋變數 (帳單金額) 為顯著影響被解釋變數 (加購金額)。

模型檢定結果雖為顯著，但還有幾個指標是我們應該要注意的。一個是判定係數，另外一個則是殘差值。

📁 判定係數 R^2

在表 8-6 下半部，包含判定係數 R^2 的資訊。判定係數可顯示「迴歸模型解釋能力」，它的範圍在〔0,1〕之間，當 R^2 值越大代表迴歸模型的解釋能力越強。估計結果可解釋如下：

此模型的 R^2 約為 0.44，所以 250 筆加購金額和平均加購金額的差異，被「帳單金額」這個變數和其個別平均值差異，解釋的程度為 44%，另有 56% 無法被解釋。

【觀念提醒】

就如同「越多解釋變數不代表越好」，並非是 R^2 越接近 1，模型就是最好的模型。R^2 會受到觀察值數、迴歸估計的係數等因素影響。公式如下：$\hat{y}$ 是估計值。

$$R^2 = \frac{\sum_{i=1}^{k}(\hat{y}_i - \bar{y})^2}{\sum_{i=1}^{k}(y_i - \bar{y})^2} = \frac{SSR}{SST} = \frac{\text{迴歸解釋變異}}{\text{純變異}}$$

殘差值的診斷

要比較迴歸模型的適合度，除了需要 R^2 的資訊外，還可搭配殘差的觀察。迴歸的殘差值 e，代表我們被解釋變數未能被解釋變數 (x) 解釋到的部分，在理想上，殘差應該是符合常態、隨機獨立、變異數同質性等三特性。一般可操作迴歸分析的統計軟體會搭配進階的殘差分析，Excel 則可選擇產出殘差數值 (圖 8-3)，分析者依據殘差的數值做一些進階分析，如是否符合常態、隨機獨立等。

由於殘差的診斷屬於較進階的分析，若有興趣者可選讀相關迴歸分析相關書籍。在這邊提供統計軟體 R 的殘差分析圖，搭配相關解讀內容，帶大家觀察殘差的狀況。

「殘差與配適值」散布圖 (圖 8-4) 可顯示出殘差是否具有獨立性，一個好的迴歸，這個圖會沒有任何的特殊型態 (例如正相關或負相關)，圖形中的一條微微凹折的線就是「類型曲線」。好的模型，這條線會和水平線很相近。如果這條類型曲線有明顯的斜率，則代表了模型的設定不完善，可能是有遺漏變數或者非線性關係。

「常態 QQ 圖」則可診斷殘差是否是常態分布。如果是常態分布，則散布點會和理論畫出的那一條直線重疊。如果散布點的形狀像是 S 型 (並未貼合理論線)，就沒有常態的性質。線性模型沒有常態其實也沒有很嚴重，如果違反常態，可透過將顯著性的標準設定更嚴格一點就可以，如我們原本以 5% 為基準，現在則用 1%。

21						
22					機率輸出	
23						
24	預測為 加購金額	殘差	標準化殘差		百分比	加購金額
25	81.55430321	-51.554303	-1.6746327		0.2	30
26	60.89835831	-10.898358	-0.3540102		0.6	30
27	93.94787015	11.0521298	0.35900511		1	30
28	102.2102481	-3.2102481	-0.1042781		1.4	30
29	105.1020804	2.8979196	0.0941328		1.8	30
30	107.2709546	33.7290454	1.09561685		2.2	33
31	56.04421126	3.95578874	0.12849545		2.6	35
32	112.1251017	-18.125102	-0.5887557		3	38
33	75.46079947	-16.460799	-0.5346943		3.4	38
34	74.63456167	22.3654383	0.72649406		3.8	38
35	60.69179886	-9.6917989	-0.3148176		4.2	40
36	138.1515922	11.8484078	0.38487052		4.6	41
37	76.70015616	-29.700156	-0.9647469		5	43
38	85.99533137	4.00466863	0.13008321		5.4	43
39	74.84112112	16.1588789	0.52488708		5.8	44

圖 8-3 Excel 迴歸殘差產出示意

殘差與配適值　　　　　　常態QQ圖

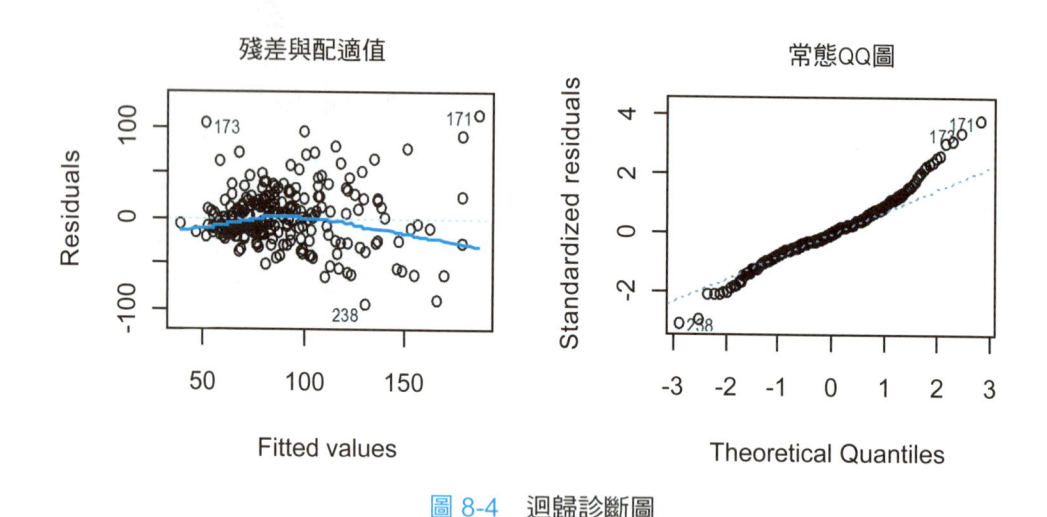

圖 8-4　迴歸診斷圖

第 4 節　迴歸模型的簡易變化

在前面的例子中，被解釋變數——加購金額為連續值，而解釋變數皆為數值，但有時我們想要探討的現象不是連續變數時，如性別、是否為台北人、大學幾年級，又或是變數間也有相互影響時，迴歸模型可依探討的變數而有些簡易變化。

📁 解釋變數多了類別變數

類別變數，如性別、學門、部門等，也可能是影響我們觀察主題的原因之一。經過轉換，類別變數同樣也可納入迴歸分析之中。

當我們還想進一步知道「加購金額」和這些分類有沒有關係。例如，我們想知道「男女生在加購行為上是否有差」時，則可將模型設計如下：

$$加購金額 = a + b_1(帳單金額) + b_2(性別)$$

但因為性別在原始資料中為〔女, 男〕=〔F, M〕，為文字資料，無法直接放在迴歸模型中分析，故我們首先要做資料轉換，若是兩類型，則可將資料作 1 與 0 的轉換，這邊我們將性別資料轉成〔F, M〕=〔0, 1〕，可利用 Excel【取代】功能處裡。表 8-7 為估計的結果，我們可以將它解讀如下：

> 考慮比較男女對給加購的行為差異，迴歸增加了性別虛擬變數，估計值為 0.82，也就是說，男性的加購金額比女性要高 0.8 元。但是，P-值為 0.84，並不顯著。所以，可以說男女生在加購行為上沒有明顯的差異。

表 8-7　類別變數作為解釋變數的概念解讀

模式	係數 (Coefficient)	標準誤 (Std.Err)	t 統計量 (t-Statistic)	P- 值 (Prob.)
應變數：加購金額				
截距 (常數)	28.47	5.21	5.47	0.00
帳單金額	0.10	0.01	13.87	0.00
性別 [男 =1]	0.82	4.12	0.20	0.84

這邊的處理方式，是用截距來比較，所以解釋的時候就著重在樣本平均的差異，也就是不同性別在加購時的平均金額差異。

提醒　要加入類別資料到解釋變數內，必須先將資料做數值轉換，以 1 與 0 的資訊轉換後則可進行分析。

思考題　如果現在想知道「購物日 (星期一到日)」的加購金額是否有差異，該怎麼設計模型呢？

解釋變數間的交叉效果

一般來說，在設計迴歸模型時，理想上會希望解釋變數 x_i 之間是彼此獨立的，這樣在做迴歸估計結果的解釋時，也較為單純，容易觀察每個變數的影響程度。但有時考量解釋變數間彼此的相關影響關係卻是必要的。

譬如：現在要觀察的現象是「A 大學大一新生學期成績」，並蒐集了學生的幾項資訊，要透過迴歸分析學期成績是否會受到相關因素的影響。直覺上，學期成績有很大的可能會受到學生期中考的表現所影響，而有無加入社團對於期中考成績也可能有影響，這就是屬於解釋變數間的相互影響關係。這時，我們就需要去設計變數間的交叉影響效果。

觀察現象：A 大學大一新生學期成績

現有資訊：期中考成績、有無加入社團、性別

以我們的加購金額資料來說，如果我們想知道「是否為第一次購物在加購的行為，與帳單金額是否有關」，應該怎麼處理呢？同樣地，要先將類別變數「首次購物」先做數字轉換〔N,Y〕=〔0,1〕，再新創變數為帳單金額與「首次購物」的乘積，則可做迴歸分析的操作。

加購金額 = $a + b_1$(帳單金額) + b_2(首次購物) + b_3(帳單金額 × 首次購物)

表 8-8　解釋變數間的交叉效果模型設計範例

模式	係數 (Coefficient)	標準誤 (Std.Err)	t 統計量 (t-Statistic)	P- 值 (Prob.)
應變數：加購金額				
截距 (常數)	12.79	6.03	2.12	0.03
帳單金額	0.13	0.01	13.90	0.00
首次購物 [是 =1]	34.52	9.35	3.69	0.00
帳單金額：首次購物 [是 =1]	-0.07	0.01	-4.63	0.00

根據迴歸的設計，可得到表 8-8 的估計結果。有幾個現象可以解讀：

現象一 首次購物的係數為 34.52，意味首購者加購金額比其他高出 34.52 元。而非首購者，平均的加購金額為 12.79 元，且在 5% 顯著水準下 (搭配 P 值觀察) 皆為顯著。

現象二 帳單金額與首購者的效果。當結帳者是非首購者，帳單金額每高 1 元，加購平均多 0.13 元。但是，若結帳者為首購，則「帳單金額每高 1 元，加購金額多 0.06 (=0.13 − 0.07)」元。

現象三 加購行為，和帳單金額是正相關的。首購者在一般情況下加購金額較高 (現象一的解讀)。但是，結帳帳單金額越高時，相比非首購者，加購金額就會相對較小 (現象二的解讀)。

現象四 影響首購者的加購行為有兩個成分：一是與他的結帳金額有關係，一個則是無關。

應變數的變化

到目前為止的迴歸模型介紹，被解釋變數皆為連續數值變數，但有時我們想探討的現象可能並非值域的大小趨勢，而是不同類型的不同表現。配合解釋變數的型態可有不同的模型設計，但要提醒分析者的是，所有的估計，都是在估計「觀察變數的期望值」。

這邊我們簡單介紹三種應變數變形的型態，研究者可判斷自己觀察的現象是屬於何種，藉以找出適合的模型，後續若有興趣者可再進階延伸閱讀。

(1) 當應變數為二元變數 (Binary)：{0,1}

在被解釋變數的部分採用兩類型變數，如性別、是否畢業、有無養寵物等，只有兩個模式的現象，迴歸模型則稱為羅吉斯迴歸 (Logistic regression)。

$$\text{二維變數} = a + b_1(x_1) + \cdots + b_i(xi) + e_i$$

在估計結果的解釋上,羅吉斯迴歸可估計不同情境的勝算比 (Odds ratio)。如是否有家族遺傳對於罹患老人痴呆的機率比;每增加購買一項產品,消費者是女生的機率會比男生多多少。

(2) 當應變數為次序變數 (Ordered):{1,2,3,4,……}

當我們想要觀察的現象具有順序性,如下面的現象,將模型設計為被解釋變數為順序變數,則使用次序羅吉斯迴歸模型 (Ordinal logistic regression model) 來加以分析,其在概念上,同樣利用兩兩間的勝算比去進行分析。

表現的好壞——好、普通、壞

用餐的滿意程度——非常好、很好、普通、不好、非常不好

(3) 當應變數為計數變數 (Count):{100,20,13,14……}

當被解釋變數為計數,在一個時間區間內事件的發生次數,如來店消費者數、購買商品數、重複犯罪數等,則是利用卜瓦松計數迴歸模型 (Poisson count model),可用以觀察目標現象的發生率。

第 5 節 Excel 試作

要用 Excel 進行迴歸分析,同樣需要利用增益集功能中的「資料分析」,若尚未安裝增益集者,請參考第七章之內容。需要提醒的是,有些統計軟體可省略資料處理步驟,譬如將類別的數字轉換步驟、變數的排序等,軟體會直接判斷調整,但利用 Excel 分析時,變數的處理都是在模型分析之前的必要步驟。

📂 簡單迴歸分析操作

進行迴歸分析之前,首先開啟要分析的檔案,如本章的「優購電商加購金額資料」。於功能列中選取【資料】,並於下一層選擇【資料分析】,則會跳出設定窗格 (圖 8-5)。

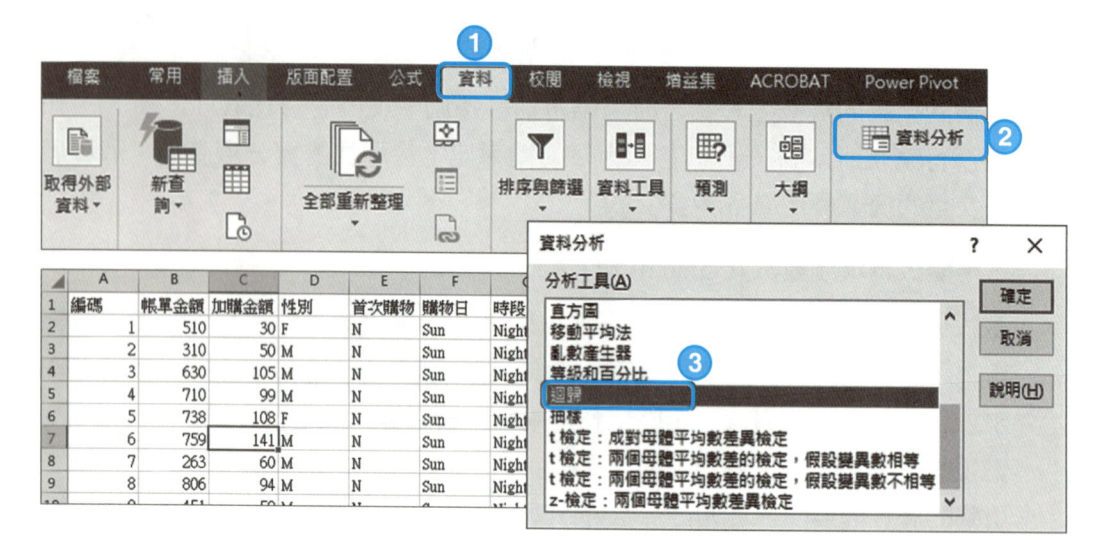

圖 8-5　Excel 簡單迴歸分析操作

在【迴歸】設定窗格中有幾個設定重點 (圖 8-6)：

1. 於【輸入】區，將被解釋變數範圍圈選在〔輸入 Y 範圍〕處，而被解釋變數則放在〔輸入 X 範圍〕處。
2. 勾選【標記】，這個部分是宣告我們的首列為資料的名稱。
3. 在【輸出選項】，選擇個人想要的結果呈現方式。
4. 於【殘差】區，若勾選〔殘差〕與〔標準化殘差〕則可產出殘差序列 (如圖 8-3) 後續則可進行相關分析。而相關圖形的勾選也可初步觀察殘差的分布。

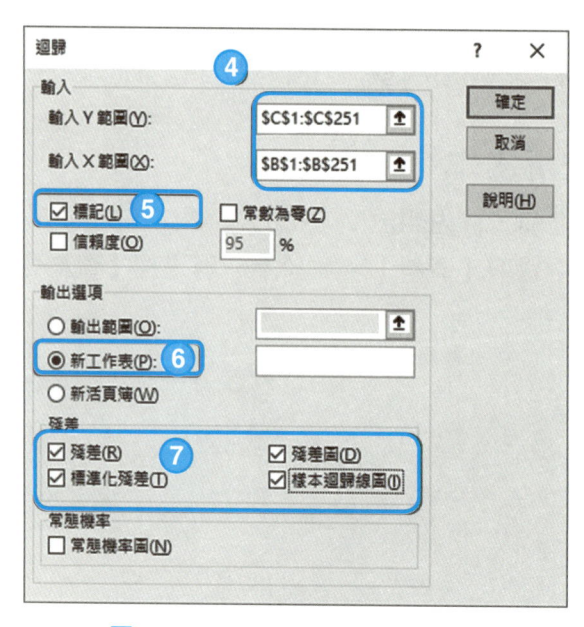

圖 8-6　Excel 簡單迴歸分析設定

期望值不再固定──條件期望值和迴歸方法 8

📁 多元迴歸分析操作

多元迴歸分析為解釋變數為一個以上的模型設計。在利用 Excel 分析之前,首先要做資料的排序處理 (圖 8-7)。處理的原則是將被解釋變數鄰近排列,後續才可做範圍圈選 (圖 8-8)。

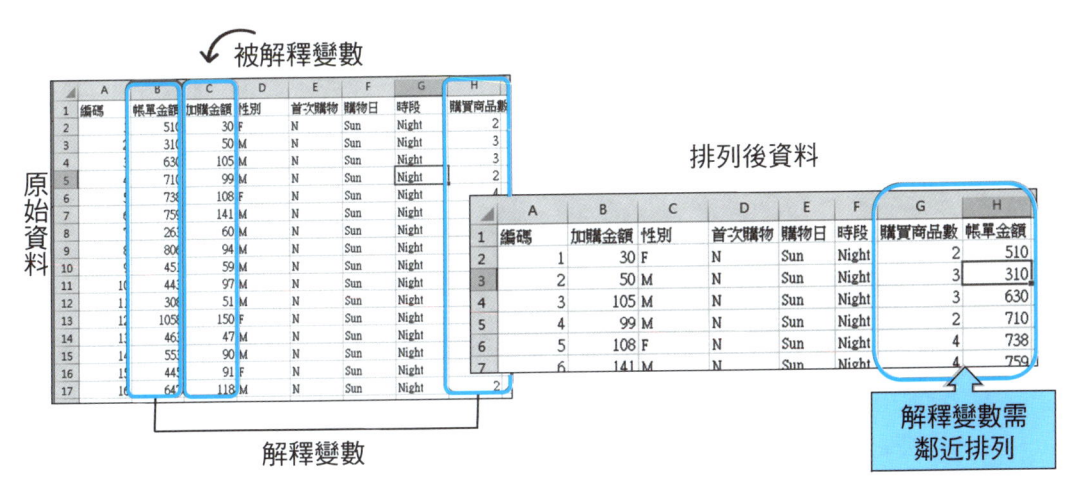

圖 8-7　Excel 多元迴歸分析之前的資料整理

圖 8-8　Excel 多元迴歸分析設定

147

本章作業

1. 試說明迴歸分析與 T 檢定、變異數分析的差異。

2. 現在小學生常有過胖的問題，其中原因包含飲食習慣、活動情況等，尚有許多其他因素，試設計一迴歸模型來估計此現象，並說明變數的選取規則，以及迴歸模型屬於何種類型。

3. 以下數個迴歸分析的觀念，請判斷是否正確。

   (1) 解釋變數越多越好，這樣模型的解釋力就會越高。

   (2) R^2 是用來判斷殘差是否符合常態分配。

   (3) 迴歸分析只能用來處理解釋變數是連續變數的分析。

   (4) 如果我想要探討影響學期成績表現的因子時，我可以同時考慮性別與入學成績的交叉影響效果。

   (5) 迴歸分析估計出的結果可以完全預測未來資料的走向。

4. 小春想了解犯罪率的影響原因，蒐集 65 個城市失業率、所得及犯罪法規資訊，設計一個迴歸模型來分析，分析結果如下：

模式	係數 (Coefficient)	標準誤 (Std.Err)	t 統計量 (t-Statistic)	P- 值 (Prob.)
被解釋變數：犯罪率				
截距 (常數項)	2.96	0.12	14.19	0.00
當地失業率	2.45	0.13	-14.32	0.00
當地平均收入	-0.04	0.15	0.53	0.60
犯罪懲罰等級 (1 到 10)	-3.12	0.19	1.78	0.08
R^2	0.26		F 統計量	79.04
調整的 R^2	0.26		P- 值 (F 統計量)	0.00

   (1) 請將小春的迴歸模型寫成迴歸方程式。

   (2) 請說明模型的估計結果。

   (3) R^2 等於 0.26，應該怎麼解讀它比較好？

5. 近年空氣汙染成為各城市關注的重點，專家認為造成空氣汙染的原因有很多，包含人口數、當地產業發展。小美搜集 14 個城市的空氣汙染量與人口數，試利用 Excel 建立簡單迴歸分析，並解讀其結果。

城市	汙染量	人口數	城市	汙染量	人口數
1	46	116	8	23	453
2	11	244	9	65	751
3	24	497	10	26	540
4	47	905	11	9	844
5	11	463	12	17	515
6	31	71	13	17	201
7	110	3369	14	35	1513

第 9 章
資料素養入門

統計上無法拒絕的假設，不代表他能被接受。然而，我們要了解的是，統計上無法顯著拒絕事件 A，不意味事件 A 為真；經濟學家羅賓森 (Joan Robinson) 曾說：學經濟學的目的在於不讓經濟學家愚弄。

學統計也是這樣：不被數據分析愚弄，不被大數據愚弄。

資料解讀是素養問題，也是一門大學問，本章簡單的介紹幾個案例。

第 1 節　有關調查

📁 WEIRD 問題（樣本偏誤問題）

在以歐美為主的西方地區，使用調查的數據結果，常常有所謂的 WEIRD 問題：Western, Educated, Industrialized, Rich, and Democratic 的社會樣本，也就是樣本偏誤，抽取特定族群當樣本觀察，就會直接影響到調查結果。這類似早年時去眷村調查對國民黨的支持程度是一樣的，得到的調查結果會是高度的支持藍色政黨，但要用這筆資訊去推測全國則會有相當大的偏誤，因為眷村人多具有同樣的時空背景經歷。可以想一想，哪些抽樣可能存在偏誤問題。

1. 美國總統選舉，多數的民調都說希拉蕊會勝選，為何到最後川普贏了？
   （具有投票資格的人，不見得是真正去投票的人）

2. 利用市內電話調查，來了解民眾對於政策的偏好。
   （具有市內電話的族群有其特質）

3. 喝酒有助於延壽

(調查標的都是去詢問長壽族群，但也有許多飲酒有害健康的案例則不在調查範圍中)

因此，在解讀國際或各種媒體的調查結果時，要小心取樣的偏誤。

📂 街頭抽樣和自我回報

媒體上常常看到街頭調查，問一個問題，再請路人甲回答他的意見或填問券。這些都是稱為 selfies (自拍) 的調查。一般人在自拍時，都會取對自己最有利的角度。

所以，調查的問題就成為關鍵：什麼問題不能街頭調查？

心理學研究有發現，人在回覆關於與自己有關的問題時，會有嚴重偏誤，例如：問身高時，會報高；問體重時會低報。因此，如果去問學生「你一天用多少時間讀書？」這種問題，必定失真。街頭抽樣也就是所謂的「當事人問題」，想一想，有哪些問題不能問利害關係人：

問社會新鮮人：你希望的每月薪資是多少？每日工時是多少？
問社會爆肝人：你希望每日工時是多少？
問高中生：你想八點上課嗎？
問民進黨：國民黨應下台嗎？
問國民黨：民進黨應下台嗎？
問受害者：你滿意這個判決嗎？
問受害者家屬：你贊成廢除死刑嗎？
問看熱鬧的酸民：法官是恐龍嗎？

📂 用調查做決策，要考慮他的經濟影響，而不是統計顯著性

統計上，調查的參考性在於統計顯著性，但是，所謂的統計顯著性並不能代表經濟影響性 (Economic impacts)。如果某項公共政策的資源分配，是依照普查或民調的結果決定其比率，那就必須審慎地評估其經濟影響，而不是樣本大小帶來的顯著性。

美國普查局在網站就指出，即使在一個全國性普查，地方上必定還是有部分住民被遺漏。筆者留美時，記憶中，某一期時代雜誌曾經報導過 1990 年的普查遺漏了大約八百萬人口。後來在一些研究中就有指出，Anaheim (LA 迪士尼所在地) 少估了七千人，聯邦預算分配因此少了 150 萬美元。

信不信由你，純粹是調查結果無傷大雅。但是，如果政府或是機構，用調查數據做公共政策，甚至分配資源時，就必須審慎與精確性。

類似的例子還有：「一天一蘋果，遠離醫生」(One apple a day, keep your doctor away)；番茄紅了，醫生的臉就綠了。想一想：要吃多少顆蘋果才能收起你的健保卡？要吃多少番茄，才能讓醫生綠到爆。

重複比較的陷阱

我們常常會看到一堆無厘頭的新聞標題，指出：喝咖啡有助於降低子宮癌風險。一天喝 4 杯，降低女性罹患子宮頸癌的風險。這些報導背景大多是：某女性做完飲食問卷後，醫療研究人員對所有的問卷，評估了 75 種食物中的營養成分和罹患癌症的風險。研究人員最後發現：在 75 項成分中的 1 項 (咖啡因)，降低了癌症風險。

這類報導因為來自實驗室的研究，看起來像一種科學，但是，問題在何處？統計上，稱為重複比較的問題 (Multiple comparison problem)。

「一天喝 4 杯，降低女性罹患子宮頸癌的風險」這個事件的統計顯著性描述了怎麼樣的顯著性？基本上，這種發現不是科學發現，只是一種機率事件：只要找的項目越多，越可能有所發現。例如，一個射飛鏢很不準的人，他射不中標靶的機率是 0.95，射 75 次：「全都不中」的機率是 $(0.95)^{75}$，「至少射中一次」的機率就是 $1 - (0.95)^{75} = 0.97865 = 97.9\%$。簡而言之，亂槍打鳥必有所獲，是眾所周知的現象，其實只是一種機率事件。

再一個例子，某校超強啦啦隊，每次比賽有 0.95 的機率奪冠，連續數次奪冠後，失敗的機率就會大增。例如，七連勝之後 (0.95 的 7 次方)，至少失敗一次的機率 $1 - (0.95)^7 = 30\%$。

這類問題，統計上稱為重複比較的問題。在生活上有相當多的例子，好比父母教育小孩，小孩 95% 不受教，但是父母一直念一直念，最後就聽話了。念書也是這樣，開始時心都是散亂，久了就專心了。

我們從 Google 網站就可以搜尋到大量有關咖啡具備某種疾病的預防功能。但是，我們知道咖啡豆的成分有超過 1,000 多種化學成分嗎？

第 2 節 和資料勾結

採草莓陷阱 (Choosing your favorable data)

去大湖採草莓的人，面對一大片草莓園，要取出自己滿意的草莓，會去東挑西揀湊一籃又大又美的草莓。採草莓問題 (Cherry picking problem)[1] 是解釋者選擇了對自己有利的樣本區塊。美國曾經有一件不實廣告的訴訟，某嬰兒食品廠商刊登如下廣告：

> 根據調查，認為兒童應採用嬰兒專用食品的家庭醫師中，
> 5 個中有 4 個推薦品牌 G。

5 個中有 4 個就是 80%，這是個何其高的比率。因此引起關注和家庭醫師之間的話題。在正式訴訟時，廠商提出的完整問卷如下：

> 562 名醫師受測
> 408 名醫師推薦應該使用嬰兒專用食品
> 76 名推薦特定品牌
> 67 名推薦品牌 G

很明顯的，廠商採取了部分資訊，他們所宣稱的 80%，其實只是 $\frac{67}{76}$。$\frac{67}{76}$ 的意義是什麼？分母正確嗎？分母不論是 562 或 408，推薦品牌 G 的介於 15% 左右。因此，如果看到類似的比率報導，要小心樣本的選取。

採草莓問題其實就是個人選擇了對自己有利的部分資料。這些問題，不但常見於一般資料分析，也常見於學術研究的樣本選取。我們要做一個相對客觀的數據分析時，對於資料的隨機性質必須注意。

學術研究的報告，不少為了刊登，只報告了支持研究者假設的資料結果。這些在研究方法上都必須注意。事實上，不只是學術研究，最大量的垃圾資訊就是來自政府、政黨和政客公布的結果，既然是政治，對於勾結樣本自然有一套。

是資料庫就好？

一般人看到某某成果是來自某資料庫的分析結果，在這個動不動就大數據的年代，這類說詞很大程度暗示了研究結果的可信度。真的是如此嗎？

---

[1] Cherry 是櫻桃，西方採櫻桃，台灣採草莓。順應本土，我們用採草莓，不說採櫻桃。

NWCR (National Weight Control Registry, http://www.nwcr.ws/default.htm) 據說是一個很大的減重追蹤名錄，參與者可以上網登記，記錄自己減重的方法和成果。NWCR 追蹤了近 1 萬名減重者的體重控制。他們據此分析了減重研究和發布研究成果。在他們的官方研究網站 (http://www.nwcr.ws/research/)，有特別說明他們資料庫的樣本結構：

80% 登錄者是女性，20% 是男性；
女性平均年齡是 45 歲，平均體重是 145 磅；
男性平均年齡是 49 歲，平均體重是 190 磅。

這個資料庫因為樣本多樣性不足，用平均來測量容易隱藏了極大資訊差異。例如，事實上

減重者的成果從 30 磅到 300 磅都有，
成功減重的所花費時間從 1 年到 66 年都有

因此，知道資料庫特性和是否存在其他資料庫就很重要。例如，有一年洛杉磯時報 (Log Angeles Times) 報導：

近 7 年，兒童高腳椅導致的傷害已經達到 22%，……

兒童高腳椅常用於餐廳。洛杉磯時報引用了醫學期刊的研究成果，質疑了兒童高腳椅的安全性，而且 22% 是一個很高的數據。洛杉磯時報引用的期刊使用了專業資料庫 NEISS (National Electronic Injury Surveillance System[2])，這個資料庫記錄了醫院提供的病人數據。

OK，問題很明白了：

第一，是醫院提供的病人數據。所以這個樣本只有記錄送去急診室的小病人是由餐廳送來的，但是，並沒有記錄幼童所受的傷害是來自座椅 (例如，由高腳椅跌落)，還是父母疏失 (例如，從父母腳上)。

第二，只有送去醫院的樣本才有。這項研究並沒有包含沒送去醫院的樣本，也就是家庭的樣本。如果去做有幼童的家庭訪談一下，或許會有更多的證據。也就是這項研究假設了所有高腳椅所發生的意外，全會送去醫院；然而事實上不然。

NEISS 是一個醫院資料庫，但是不是所有的資料庫。就算 NEISS 是一個很完善的資料源，依然不能涵蓋所有的資料，例如，沒有送去醫院的樣本。這樣的結

---

[2] https://www.cpsc.gov/Research--Statistics/NEISS-Injury-Data/

果很清楚了，22% 是一個高估的數字。22% 衡量了送去醫院檢查的幼童，100 名有 22 名受傷。時代變遷，年輕父母對於後遺症的顧慮，在意外發生後，比較容易把幼童送去醫院檢查。對於這個社會趨勢，解讀數據上必須要考慮。

📂 結論

　　物聯網加上大數據的時代，我們每天被各式各樣的數據淹沒。當我們閱讀資料、消費資料，必須對資料產生的局部資訊要有一定的素養。使用統計工具時，要知道統計學的基準是期望值，然後估計變異數，再據此產生信賴區間圈住我們的預測範圍。期望值簡稱數學期望是因為利用了一個公式計算簡單平均數或加權平均數。

　　統計是一個從資料中計算資訊摘要的數學工具，不是真理。有素養的人，會依照各類資訊產生期望值和修正期望值。就像著名的經濟學家 Joan Robinson 所說：

> 學經濟學的目的在於不讓經濟學家愚弄。
>
> *The point of studying economics is so as not to be fooled by economists.*
> 　　　　　　　　　　　　　　　　　　　　　　　　── Joan Robinson

　　學統計也是這樣，不被數據分析軟體，不被大數據愚弄。

中文索引

卜瓦松計數迴歸模型 (Poisson count model) 145
大數法則 (Law of averages) 95
中央極限定理 (Central limit theorem) 95
中位數 (Median) 61
元素 (Element) 77, 86
四分位距 (Interquartile range, IQR) 62
平方和 (Sum of Square) 121
平均組間變異 (SSM) 121
平均數 (Mean) 58, 121
平均數差額 (Mean of the differences) 118
平均隨機變數 (Weighted mean) 87
母體 (Population) 77
全距 (Range) 59
多因子變異數分析 (Multi-way/Factorial ANOVA) 121, 122
多變量資料 (Multivariate data) 5
成對樣本 T 檢定 (Paired t-test) 118
有理數系 (Rational numbers) 86
次序變數 (Ordered) 145
次數頻率 (Frequency) 79
百分位數 (Percentile) 66
行政職 (Administrative) 121
估計 (Estimate) 82
位置 (Location) 87
貝式 (Bayesian method) 83
函數 (Function) 86

定義域 (Domain) 86
抽樣 (Sampling) 78
抽樣偏誤 (Sampling bias) 78
拔靴 (Bootstrapping) 83
非線性 (nonlinear) 112
直方圖 (Histogram) 79
保全 (Custodians) 121
信任區間 (Confidence interval) 96
相關係數 (Correlation coefficient) 115
計數變數 (Count) 145
重複比較的問題 (Multiple comparison problem) 153
值域 (Range) 86
峰態 (Kurtosis) 89, 99, 101
時間序列資料 (Time series data) 2
高斯分布 (Gaussian distribution) 93
偏移 (Deviation) 88
偏態 (Skewness) 89, 99
偏誤 (Bias) 78
動差法 (Method of moments method, MM) 83
常數 (Constant) 82
排序 (Sort) 22
採草莓陷阱 (Choosing your favorable data) 154
條件 (Conditional) 82
條件期望值 (Conditional mean) 82
單因子變異數分析 (One-way ANOVA) 121

索引

散布 (Scatter)　88
最大概似估計法 (Maximum likelihood estimator, MLE)　83
最小平方迴歸 (Least-square regression, LS)　83
無母數統計 (Nonparametric statistics)　78
無理數系 (Irrational numbers)　86
虛無假設 (Null hypothesis)　96
集合 (Set)　77
經濟影響性 (Economic impacts)　152
預測 (Prediction)　79
預測力 (Predictability)　87
預測誤差 (Prediction error)　80
實數 (real numbers)　85
實線 (real line)　85
管理職 (Management)　121
數值演算方法 (Numerical methods)　83
數學期望值 (Mathematical expectation, μ)　87
標準差 (Standard deviation)　59
樣本 (Sample)　77, 82
樣本期望值 (Sample expected value)　79
樣本平均數 (Sample mean)　88
線性 (Linear)　83, 112

線性模式 (Linear model)　83
調查資料 (Survey data)　7
橫斷面資料 (Cross-sectional data)　3
獨立樣本 T 檢定 (Independence sample t test)　119
篩選 (Filter)　22
隨機變數 (Random variable)　93
應用方法 (Estimation method)　82
應變數 (Dependent variable)　86
檢定 (Test)　82
檢定量 (Test Staistic)　82
縱橫資料 (Panel data)　4
總變異 (SST)　121
臨界值 (Critical values)　97, 139
薪資僵固性 (Sticky wage)　117
離群值 (Outlier)　63
羅吉斯迴歸 (Logistic regression)　144
羅吉斯迴歸模型 (Ordinal logistic regression model)　145
變異數 (Variance)　59, 88
變異數分析 (Analysis of variance, ANOVA)　120
顯著性檢定 (Test for statistical significance)　84
觀察值 (Observation)　77

英文索引

Administrative　行政職　121
Analysis of variance, ANOVA　變異數分析　120
Bayesian method　貝式　83
Bias　偏誤　78
Binary　二元變數　144
Bootstrapping　拔靴　83
Central limit theorem　中央極限定理　95
Choosing your favorable data　採草莓陷阱　154
Conditional　條件　82
Conditional mean　條件期望值　82
Confidence interval　信任區間　96
Constant　常數　82
Correlation coefficient　相關係數　115
Count　計數變數　145
Critical value　臨界值　139
Critical values　臨界值　97
Cross-sectional data　橫斷面資料　3
Custodians　保全　121
Dependent variable　應變數　86
Deviation　偏移　88
Domain　定義域　86
Economic impacts　經濟影響性　152
Element　元素　77, 86
Estimate　估計　82
Estimation method　應用方法　82
Filter　篩選　22

Frequency　次數頻率　79
Function　函數　86
Gaussian distribution　高斯分布　93
Histogram　直方圖　79
Independence sample t test　獨立樣本 T 檢定　119
Interquartile range, IQR　四分位距　62
Irrational numbers　無理數系　86
Kurtosis　峰態　89, 99, 101
Law of averages　大數法則　95
Least-square regression, LS　最小平方迴歸　83
Linear model　線性模式　83
Linear　線性　83, 112
Location　位置　87
Logistic regression　羅吉斯迴歸　144
Management　管理職　121
Mathematical expectation, μ　數學期望值　87
Maximum likelihood estimator, MLE　最大概似估計法　83
Mean of the differences　平均數差額　118
Mean　平均數　58, 121
Median　中位數　61
Method of moments method, MM　動差法　83
Multiple comparison problem　重複比較的問題　153

Multivariate data　多變量資料　5
Multi-way/Factorial ANOVA　多因子變異數分析　121, 122
nonlinear　非線性　112
Nonparametric statistics　無母數統計　78
Null hypothesis　虛無假設　96
Numerical methods　數值演算方法　83
Observation　觀察值　77
One-way ANOVA　單因子變異數分析　121
Ordered　次序變數　145
Ordinal logistic regression model　羅吉斯迴歸模型　145
Outlier　離群值　63
Paired t-test　成對樣本 T 檢定　118
Panel data　縱橫資料　4
Percentile　百分位數　66
Poisson count model　卜瓦松計數迴歸模型　145
Population　母體　77
Predictability　預測力　87
Prediction error　預測誤差　80
Prediction　預測　79
Random variable　隨機變數　93
Range　全距　59

Range　值域　86
Rational numbers　有理數系　86
real line　實線　85
real numbers　實數　85
Sample bias　樣本　77
Sample expected value　樣本期望值　79
Sample mean　樣本平均數　88
Sampling bias　抽樣偏誤　78
Sampling　抽樣　78
Scatter　散布　88
Set　集合　77
Skewness　偏態　89, 99
Sort　排序　22
SSM　平均組間變異　121
SST　總變異　121
Standard deviation　標準差　59
Sticky wage　薪資僵固性　117
Survey data　調查資料　7
Test for statistical significance　顯著性檢定　84
Test　檢定　82
Test staistic　檢定量　82
Time series data　時間序列資料　2
Variance　變異數　59, 88
Weighted mean　平均隨機變數　87